一套語言
猶如一個大海
或說宇宙

新井一二三

新井一二三

第20號作品

和新井一二三一起讀日文

你所不知道的名詞故事

東京字塔版　新序

因為愛的緣故

新井一二三

最近人工智能進步得很快，從前以為不可能實現的機械翻譯都已經成了現實。

既然如此，人類還需要辛辛苦苦學外語嗎？

對我來說，答案是很清楚的：

這不是需不需要的問題，而是愛不愛的問題。

正如我在本書初版的序文裡寫：一套語言猶如大海或說宇宙。

想想跳進大海裡去潛水吧。不僅能看到各色各樣的魚類、海藻類，還有美如花的珊瑚等等，還說不定能跟海豚、鯨魚一起跳跳舞。

想想有一天乘坐太空船去宇宙，不僅從黑暗的眞空中，遠望藍色美麗的地球，也能看看數不清的恆星、行星、銀河等等，有可能體會到永遠是怎麼回事。

語言很美，而且不同的語言有不同的美。

十五歲開始學日語，十七年後獲得了芥川龍之介文學獎的台籍作家李琴峰，常把日語比成天空上的星星。果然光是她寫的小說標題，就有《北極星灑落之夜》《倒數五秒月牙》《星月夜》等。顯然是漢字和兩種假名混合而成的結果，日語文章給人（或至少給她）以強弱不一的印象：有如從樹葉空隙照進來的陽光（木漏れ日），亦如河流水面上照的陽光閃閃亮亮（きらめき）。

聽她那麼講，我眞是大開眼界。因爲我自己一直以爲世界上最漂亮的語言是中文。跟三種文字混合的日語不同，用中文寫的文章百分之百用漢字這表意文字，所以視覺上的密度特別高，給人（或至少給我）以非常充實的印象：有如盒裝的比利時產高級巧克力，做得極其精緻，每一粒都有不同的外表、不同的內容、不同的味道、不同的回味。想想有整盒的，多麼豪華奢侈！

最後，我和她都同意：因爲都是愛的問題，自然是主觀的。

如果人工智能聽到了我們之間的對話，它會怎麼想呢？大概什麼都不想，就老實履行自己的任務去吧。還好我們是血肉之軀，隨時有可能墜入愛河。翻開了這本書的您，歡迎來到愛的領域。現在，我來給您講講關於日語的一千零一夜。

【自序】

中文和日文之間

新井一二三

自從開始學中文，已過了三十多個春秋了。這些年，我都一會兒講日文，一會兒說中文，有時也講講英語，蝙蝠一般地生活過來。生活在語言和語言之間，感覺既自在又舒服。好比是擁有一套房子以外，還佔到一樣大的陽台，另外也有游泳池似的，生命中的空間就比原先大了很多。

如今凡事電腦化，取得資訊很方便，連外語都只要按一次鍵，就能夠自動翻譯過來了。於是國家和國家之間，社會和社會之間，語言和語言之間，溝通變得比以前順利了嗎？由我看來並不見得。不知爲何，通訊發達的結果，人們往往變得更頑固。也許他們覺得，在這資訊大海中，若不要溺水的話，就非僅僅抓住自己的一套不可。然而，那樣做的結果，倒會使自己越來越沉。若想在水裡倖存，其實首先就得放鬆下來，讓自己浮在水面上才行的。

我跟台灣大田出版的合作，也已有十多個春秋了。這竟然是第二十本書，難怪當初還吃奶的小朋友，現在是身高一米八的棒球隊員了。多數書籍是報紙雜誌的專欄結集的。也有一些是通過跟總編輯討論，先決定主題後執筆的。例如《獨立，從一個人旅行開始》，大陸年輕讀者對它的反應很好，因爲他們正在經歷著自由旅行被開放後的第一次全民性旅行熱潮。有一本《臺灣爲何教我哭？》是專門談寶島的。幸虧美麗島讀者的反應不錯，讓作者嘗到如願以償的滿足感。另有幾本是介紹日本圖書的，如《讀日派》《我和閱讀談戀愛》《可愛日本人》等，個別文章引起編輯的注意，催生了中文版問世。

這次是我聽從總編輯的提示，以「名詞的故事」爲暫定書名，花一年多時間，一篇一篇寫下來。文章分別發表在台灣《自由時報》《中國時報》《聯合報》，大陸《萬象月刊》《信睿月刊》《瞭望東方週刊》等刊物上。期間發生了前所未聞的東日本大地震和海嘯以及核電站事故，我的書寫，也一方面多起了記錄性文章。但是，另一方面，無論周遭環境多麼喧譁，我一坐在電腦前，就跳進清靜的思索空間裡去，繼續埋頭寫作「名詞」系列的文章。

總編輯最初的意圖，大概是要我多寫關於日文新詞的故事。我這方面，倒是天生的牛脾氣發作，從新舊不一的詞切入，爾後仙遊於日文世界，感覺滿舒服，好比在澳門橢圓形游泳池的水面上仰面朝天浮著曬太陽。

一套語言猶如一個大海或說宇宙。這些年，我都注意中文多於注意日文。可是，一旦開始注意日文裡的詞彙以後，我馬上發覺，箇中的故事也實在很多，不勝枚舉，根本數不清，就是中文所說的恆河沙數了。

在台灣，學日語的人相當多。同時在台灣，亦存在著日文學習的代溝問題。日據時代末期，所謂皇民化時期念書的一代人，曾被灌輸了軍國時代的日文。結果，他們很多人會說非常流利的日文，然而戰後沒有機會「更新」的緣故吧，詞彙和觀念等有時出現跟當代日文嚴重脫節的現象。他們的孩子是戒嚴時期受國民黨的黨國教育長大的一代人，學過日文的人似乎很少，導致了父母一輩的溝通有所困難。解嚴後，尤其是一九九〇年代末哈日風颳起來之後，年輕一代台灣人重新開始了學日文。他們的老師往往是祖父母一代的台灣人，但是學習成果上，兩代的差距相當大。年輕一代是出於興趣自願學習的，並不是被誰強迫、被灌輸，結果經常留在愛好的水平線上，很難達到爺爺奶奶斷然說「我是比現在的日本年輕人還要地道的日本人呢」的高水準。於是我們不能不發覺，外語學習和政治環境之間有特別敏感的關係。學不會一門外語或許比非得學會幸福得多。

話是這麼說，台灣很多年輕人對日文有好感，我還是覺得非常高興。他們看漢字裡夾雜的平假名、片假名說：似乎留下了想像的空間，有獨特的美感。同樣以中文爲母語的大陸朋友則說：假名製造成不確定的感覺，令人不舒服。由他看來，假名永遠是假的。於是我估計，美與不美，大概都在觀察者的眼睛裡吧。就像中文所說的情人眼裡出西施。日本人所說的痲子也看成酒窩。不過，愛上一個人，有可能就是從她的酒窩開始。那麼，多瞭解點別人的語言，說不定能增加地球上的好感和愛心，爲促進世界和平做出貢獻。

幸虧如今的世界處於後帝國主義時代。沒人迫使你學外語。若有，也至多是父母或老師，而不是殖民統治者了。我自己就是純粹出於嗜好，學中文學到今天今日的。而日文呢，又是我想甩都甩不掉的母語，可以說是生命中無法割開的一部分。

這本書最後問世時候的標題是《和新井一二三一起讀日文：你所不知道的日本名詞故事》。我很高興能夠當上帶領中文讀者們走走日文世界的文字導遊。學外語，最難也最重要的環節是，掌握一個個詞的語感，乃辭典裡解釋語義的幾個字經常不易表達的。爲了說明一個詞的語感，有時候需要一篇文章。希望這本書能讓你摸到一些日本名詞的質感，甚至讓你聞到嚐到幾個日本名詞的味道。你知道嗎？學語言的樂趣，既是知識性的又是感官上的。

歡迎你參加新井一二三日文旅行團。現在，我們就往日文的知識和感官世界出發啦！

Contents
目次

壹【味覺的迷宮】

貳【島國地圖】

參【男男女女】

肆【這些事，那些人】

伍【人生交叉點】

壹【味覺的迷宮】

たくあん
そば
りますので、
意下さい

誤會造成美感

【春雨 はるさめ】

【玉子 たまご】

【豆腐 とうふ】

「玉子」的語感，對日本人來說稍微滑稽，至多可愛，但是絕不可能優美。所以，菜名「玉子豆腐」，由日本人看來也就是「雞蛋豆腐」，平淡得很。

中文的「粉絲」，到了日文裡就翻身為「春雨」（はるさめ harusame）。

美吧？

不過，把「綠豆粉絲」稱為「綠豆春雨」來，則有點傻了。中菜「螞蟻上樹」，日本人叫做「麻婆春雨」，難免有化外的味道。

川菜較晚才傳播到日本來。東瀛人熟悉的四川料理也只有「麻婆豆腐」（マーボドフー mabodofu）而已。凡是辛辣味道的東西，日本人都稱為「麻婆××」。例如，把「魚香茄子」叫做「麻婆茄子」。優雅的「春雨」跟俗氣的「麻婆」結合在一起，喚起來的想像也怪裡怪氣。好在日本人始終不知道中文「麻婆」是甚麼意思。

中文的「蛋」，到了日文裡是「卵」。有點怪。

在日本，「卵」也寫成「玉子」，兩者的讀音完全一樣，均爲「たまご tamago」。日語的「たま tama」指的是球形的東西。東京地名「多摩」「多磨」也都念成「たま tama」。「玉」字在日文裡頭，基本上是「球」的意思。日本人跟西方人一樣，知道翡翠，卻不懂得欣賞「玉石」。因此，日本人看到「玉」字，也不會想到寶石。首先聯想到的一般很不雅，也就是「蛋」了。

「玉子」的語感，對日本人來說稍微滑稽，至多可愛，但是絕不可能優美。所以，菜名「玉子豆腐」，由日本人看來也就是「雞蛋豆腐」，平淡得很。

沒想到，從中文角度看「玉子豆腐」這名稱，會喚起很不一樣的想像來。

我有一次看香港作家張小嫻在專欄裡寫到「玉子豆腐」。她眼裡看出的果然是跟玉石一樣滑亮、陰涼、高貴的舶來美味。居住於亞熱帶的中文女作家喜歡喝冷牛奶、吃「玉子豆腐」，顯然對滑潤、涼爽的口感情有獨鍾，連化外之地傳來的家常便飯，都想像成傳說中的醍醐。

日文跟中文之間，有時存在誤會造成的美感。

日式拉麵的台灣因緣

【ラーメン】

Ramen的標準菜碼是煮肉片（日本人叫它叉燒，但其實是煮的）、蔥絲以及乾筍。Ramen上擱的乾筍，早期日本人稱之為「支那竹」，因為日本沒有麻竹，更沒有醃製而成的乾筍。那發酵的香味，由日本人嘗來充滿著異國情調，好迷人的。

「ラーメン（日式拉麵，Ramen）」在日本沒有漢字表記）是從哪裡來的？」這是日本雜誌、電視綜藝節目談個不停的熱門話題。聽起來、看起來、吃起來，ラーメン都不會是傳統的日本料理。但是，外國好像也沒有同樣食品。ラーメン究竟是哪裡來的？日本人很好奇，因為如今ラーメン是日本不可缺少的「國民食」。東北關東大地震發生後，最早在東京超市被搶購的食品就是袋裝泡麵和杯麵。

關於ラーメン的起源，至今

還沒有個定論。有人說，明治維新後，來橫濱唐人街開館子的柳姓廣東廚子賣的「柳麵」是起源。也有人說，一九一〇年左右在東京淺草來來軒賣的「廣東麵條」才是起源。我本人倒覺得ラーメン的台灣成分不可低估。

由日本人看來，ラーメン最與眾不同的特點是稍呈黃色、口感勁道的麵條，也就是日本所謂的「中華麵」。這種麵條是麵粉加鹼水做成的。傳說道：曾經有人在內蒙古用當地湖水打了麵條，結果打出來的麵條又好吃又好看，那是水裡含有的鹼性成分導致的；所以，後人打麵條也開始用鹼水，以便取得同樣效果；只可惜在中國大陸，鹼水麵的作法已經失傳，唯獨在日本流傳到今天，即日式「中華麵」。

這則傳說不大可信，因爲日本人開始去內蒙古應是二十世紀初日俄戰爭以後的事情，當時東京街上已經有館子出售ラーメン的前身「支那麵條」了。而且在中國大陸吃鹼水麵的主要是南方人，並且至今沒有失傳。

在傳統日本食品裡，用鹼水的似乎只有九州各地（長崎、熊本、宮崎、鹿兒島等）過端午節時候吃的「唐灰汁粽」。這種點心很像台灣的鹼粽，其歷史追溯到近代以前，估計是江戶時期住在長崎的唐人（以福建泉州人爲主）傳授給九州人的。至於其他地方的日本人，第一次接觸到的鹼水食品好像就是「支那麵條」。

十九世紀末在橫濱、東京一帶出現的鹼水麵「支那麵條」，源自何處？一八五九年橫濱開港後，從香港轉來的西方商人帶來華籍「三把刀」（裁縫、理髮師、廚師）。橫濱中華街最早的一家中餐館開張於一八七〇年。廣東館子頗有可能做鹼水麵賣了。直到昭和時代，日本中餐館的菜單上，除了「支那麵條」（以及其後身「中華麵條」、ラーメン）以外，一般還有「餛飩」「燒賣」「叉燒麵」，而後三者的讀音都是廣東音（ワンタン wantan、シウマイ siumai、チャーシューメン chasiumen）。我們大概可以肯定：日本「中華麵」的故鄉是橫濱中華街的廣東館子。

不過，ラーメン的構成要素並不僅是麵條。它一方面引進了廣式鹼水麵，另一方面沿用了日本蕎麥湯麵的形式：清湯麵上擱幾樣菜碼。從一開始到現在，ラーメン的標準菜碼是煮肉片（日本人叫它叉燒，但其實是煮的）、蔥絲以及乾筍。ラーメン上擱的乾筍，早期日本人稱之爲「支那竹」，因爲日本沒有麻竹，更沒有醃製而成的乾筍。那發酵的香味，由日本人嘗來充滿著異國情調，好迷人的。ラーメン的味道跟傳統日本湯麵最大的區別也就是源自乾筍的乳酸味。對ラーメン如此關鍵性的乾筍，當年是從台灣專門進口的。定居橫濱的廣東華僑從台灣進口砂糖、茶葉以及其他食品向日本市場販賣。當台灣割讓給日本以後，台灣產乾筍更是湧入日本市場，我估計，促進了ラーメン的誕生。

記得小時候吃ラーメン，除了「叉燒」煮肉片以外，覺得最珍貴的就是「支那竹」，因爲那是外國食品，在ラーメン上才會出現幾條，平時則見不到的。猶如披薩餅上的碎黑橄欖。不僅家裡不會做，而且商店裡都沒有得賣。所以，一九六八年，桃屋公司在電視上宣傳瓶裝「メンマ Menma（在日本沒有漢字表記）」跟「榨菜」同時上市之際，幾乎轟動了日本全國。「メンマ」是甚麼？不外是「支那竹」，只是受了即將跟中共建交的政治環境之影響吧，桃屋居然以當年沒人聽說過的新名詞「メンマ」來推銷。後來我得知，那是台灣出身的食品批發商丸松物產公司老闆松村秋水起的名稱，乃「當麵菜碼的麻竹＝麵碼」的意思。轉眼之間，「メンマ」膾炙日本人口，代替了舊名「支那竹」。

至於「支那麵條」這名稱甚麼時候變爲「ラーメン」，也沒有定論。第二次世界大戰以後，從外地復員的阿兵哥沒有工作，處處拉著「屋台（流動售貨亭）」，吹著嗩吶，賣中式湯麵。其中不少是原日式蕎麥麵廚師，爲迎合社會上的新潮流改做「中華麵條」的。一九五八年，大阪日清食品公司推出了「チキンラーメン Chikin Ramen」，乃日本歷史上第一種速食

麵。該公司的創業老闆安藤百福（原名吳百福）是台灣嘉義朴子人。他家鄉盛產意麵，顯然給「チキンラーメン」提供了藍本。後來在日本市場陸續上市的泡麵，通用名稱是「インスタントラーメン」（Instant Ramen），館子賣的「中華麵條」也被稱爲「ラーメン」。一九七〇年代以後新打進東京市場的「札幌ラーメン」「九州豬骨ラーメン」等全用了ラーメン。舊名「中華麵條」很快就被淘汰了，更何況是追溯到十九世紀的「支那麵條」。

可見，實際上就是安藤百福給「支那麵條」正名，爲ラーメン日後成爲日本的「國民食」鋪路的。他後來也發明了劃時代的新商品「Cup Noodle」而暢銷國際。二〇〇七年，他去世的時候，美國《紐約時報》竟然登了篇社論題爲「謝謝麵條先生」。

從ラーメン的誕生，到成爲日本的「國民食」，一貫都有不可低估的台灣因素。當初是台灣產乾筍的發酵味迷住了日本人，使他們對「支那麵條」愛慕不已。後來，松村秋水把「支那竹」改名爲「メンマ」，由桃屋推出後膾炙人口。然後，安藤百福把傳統意麵改良爲能夠大量生產、大量消費的「チキンラーメン」。他到美國考察時發現，西方人把泡麵放在杯子裡吃，因爲西餐有麵湯（noodle soup）的傳統。爲了打進國際市場，一九七一年日清食品推出的全球第一種杯麵「Cup Noodle」果然在世界各國大受歡迎，ラーメン終於從日本的「國民食」再上一層樓成爲「世界食」了。箇中的台灣因緣，該被記憶下來。

【關鍵名詞】

安藤百福
あんどうももふく

Ando Momofuku

原名吳百福，一九一〇年出生於嘉義朴子市，一九三三年他在大阪設立日東商會，並就讀於立命館大學。二次大戰後，他開始經營百貨公司和食品事業，但一九五七年事業受挫，只留下了位於大阪的自宅。安藤於是在自宅的庭園中建了小房間來研究速食麵，一九五八年，雞味速食麵（チキンラーメン）產品成功批發製作，速食麵瞬時成爲了受歡迎的商品。同年十二月，變更商號爲日清食品株式會社。一九七一年，首次發售「日清杯裝速食麵」，打開日本以外的市場，並將速食麵推廣到全世界。他被尊稱爲速食麵之父。

安藤表示自己的健康祕訣是每週一次的高爾夫球和每日必食的雞味速食麵。二〇〇七年，安藤百福因急性心肌梗塞病逝於大阪，享壽九十六歲。

地名，開啓美味的連結

【天津飯テンシンハン】【廣東麵カントンメン】

我長大學中文，還要去中國留學，最初的起因不能不說是小時候在東京中餐館的門外，呆呆地凝視玻璃櫃裡的天津飯模型時心裡產生的無限憧憬。

法國沒有法國吐司，揚州沒有揚州炒飯。漢堡該有漢堡吧？海南島到底有沒有海南雞飯？我知道北京有北京烤鴨。

地名有喚起幻想的力量，尤其是遠處的地名。

日本中餐館賣的「天津飯」「廣東麵」，其實跟天津、廣東都沒有關係，好比跟美國人沾著梅子醬吃的蛋捲（egg roll）一樣，該說是外國人想像出來的中國菜。儘管如此，就是因爲有具體的中國地名天津和廣東，由日本人聽起來很有說服力，吃起來則充滿著異國情調。你告訴日本人「中國沒有天津飯、廣東麵」，人家不容易相信，也不容易想通，大概還會誠懇地反問：「若不是從中國來，到底是從哪裡來的？」

東京的中華料理店一般都在門外有玻璃櫃，裡面擺著塑料做的食物模型。有拉麵、鍋貼、餛飩、叉燒麵、炒飯等等，其中價錢最貴的非天津飯莫屬。那是一種蓋飯，在米飯上先放芙蓉蟹肉，然後澆上糖醋芡汁。我從小特別嚮往天津飯，不知在多少家中餐館的門外呆呆地站著凝視過塑料模型。黃色的雞蛋上分布著紅白兩色螃蟹肉和綠色豆子的樣子非常漂亮。至於味道究竟會怎麼樣，則只好想像了，因爲父母絕不會讓小孩子吃那麼高級的東西。

日本天津飯的歷史，似乎可追溯到第二次世界大戰結束後不久。當年有許多日本人從中國大陸被遣返回來，爲了餬口選擇的職業，往往就是開小館子賣中式點心、小菜。拉麵、鍋貼、肉包子、豬肝炒韭菜、炸雞塊、糖醋肉等等都馬上贏得了日本人的胃口，因爲傳統日本菜清淡而缺少油分，但是在全民苦幹拚搏的日子裡，大家需要吃卡路里高點的食品。油分向來是中餐對日本人最大的吸引力所在。（直到今天東京超市賣的食用油最大的也才一公升半裝的塑膠瓶，可見日本人仍然不大會吃油。）另外還有中國菜特有的調味，尤其是糖醋芡汁在日本菜裡是不存在的，大家覺得好新鮮、滿過癮。於是出現的幾樣日式中餐，果然都用著芡汁。

其中最著名的「中華丼」，其實就是什錦菜蓋飯。把肉片、魷魚片、鵪鶉蛋、竹筍片、木耳、胡蘿蔔片、白菜片等先炒好後用醬油、白醋、砂糖調味，勾芡後澆在米飯上即可。鵪鶉蛋和木耳是日式中餐的兩樣標記，再加上了糖醋芡汁就自動喚起中國幻想來了。跟中華丼相比，只用螃蟹肉和雞蛋做成的天津飯給人純正、優雅的印象，因此長期享有日式中餐之中的皇后地位。至於爲甚麼用起天津這地名來，雖然未詳，但是有可能發明者是從天津塘沽港遣返回日本的。另一個可能性則是從「天津甘栗」借用，因爲這種糖炒板栗自二十世紀初以來在日本是家喻戶曉的品牌。

我大學四年級到北京留學以後，單獨去旅行的第一個地方就是天津。說要去天津，中國朋友們推薦的三絕便是狗不理包子、麻花、羊羹。那三絕我統統都去嘗了。狗不理的三鮮包子確實與眾不同，出類拔萃。天津麻花也很有特色，挺好吃的。羊羹則意外地跟日本的頗相似。天津就是沒有天津飯，連天津甘栗都沒有。但並不至於使我失望，更說不上甚麼幻滅。不過，我長大學中文，還要去中國留學，最初的起因不能不說是小時候在東京中餐館的門外，呆呆地凝視玻璃櫃裡的天津飯模型時心裡產生的無限憧憬。

從幻覺出發，漸漸地去認識現實，大概是許多人瞭解外國文化的路程。那一趟天津之旅，別的甚麼我都不記得了，卻清楚地記得狗不理包子的館子和買了麻花、羊羹的副食品商店。後來到中國各地旅遊，我印象最深的往往也是當地餐廳或者有特色的食品。例如：長春的烏蘇里餐廳、哈爾濱的酸麵包、瀋陽的烤肉和冷麵、內蒙古的奶茶、上海豫園的小籠包、杭州的東坡肉、紹興的黃酒和茴香豆、廈門的沙嗲等等。地名和美味在我腦海裡就是有分割不開的密切關係。這一切，不就是天津飯開啓的嗎？

若說天津飯是日式中餐之中的皇后，那麼廣東麵擁有的地位大概相當於公子了。不同於中國菜的廣東炒麵，日本的廣東麵是日式拉麵的變種，就是在湯麵上澆了什錦菜。材料跟中華丼差不多，肉片、魷魚片、鵪鶉蛋、竹筍片、木耳、胡蘿蔔片、白菜片等，炒好後用醬油調味，最後還是勾芡的。這種麵條在日本相當普遍，連杯麵的品種中都有廣東麵。

日本的中華料理店，是在第二次世界大戰結束後的國家復興時期，像雨後春筍般出現而普及到全國各地的。當年日本窮，所以中餐館的菜式以一人吃一份的蓋飯和湯麵爲主，以便顧客匆匆吃而必定吃飽。直到今天在日本，以大菜爲主的中餐館仍屬於少數，收費標準則不低於法國、義大利餐廳。這跟中餐代表廉價食品的北美洲情況大爲不同。

有一次在加拿大多倫多學院街的中餐館，我招待過日本大學時候的同學和她男朋友。當時她在美國留學，那裡認識的男朋友是印度貴族的公子。我帶他們去的是一家北方館子，記得蔥油餅和滷豆腐很受歡迎。總之不是特別高級的店，但還是跟日本的中華料理店不同，桌子上擺出來了幾個大菜和廣東炒麵的盤子，要由大家分來吃。我之前有過來往的印度人不多，何況是貴族的公子我是那天才第一次接觸到的。他為人很好，很有幽默感。不過，公子畢竟是公子，有些方面跟平常人不一樣。

例如，他不能做傭人的工作。所以，除非別人幫他拿菜放在小盤子上，公子是不可以自己出手從大盤上取菜吃的。長到二十多歲，規矩早就成了性，無法臨時改變。日本女朋友平時很會伺候他，但是那天因為有我這個老同學在座，她常常太投入於聊天，有幾次忘記伺候公子了。可憐的他，特別喜歡吃廣東炒麵，吃完一口還想吃一口，但是一給女朋友忽略，就吃不到了。記得那天日本同學問我：「廣東炒麵是把麵條油煎的吧？跟日本的『硬炒麵』有點像，是不是？美國唐人街似乎沒有硬炒麵。中國到底有沒有呢？」

日本沒有廣東炒麵，卻有硬炒麵和軟炒麵兩種。所謂硬炒麵用的是油炸麵條，不知為何在日本中餐館的菜單上佔了個永久性位子。就是在硬硬的油炸麵條上面澆著——你猜！——

什錦菜吃的。什錦菜的材料又是肉片、魷魚片、鵪鶉蛋、竹筍片、木耳、胡蘿蔔片、白菜片等，炒好後用醬油調味，最後還是勾芡的。也有人自己倒點白醋吃。日本人對中餐的印象，就是油、芡、醋。

不過，回想曾經在廣州中山大學念書的日子，我好像沒吃過廣東炒麵。當年印象最深的是學校對面的小店賣的牛肉河粉和魚片粥，以及去中國大酒店地下美食街吃的京式炸醬麵。

哎，廣州到底有沒有廣東炒麵？

尋羊記

【しゃぶしゃぶ】

「しゃぶしゃぶ」shabu-shabu這名稱，本來就是中文「涮涮」的日本音譯。傳到台灣去以後，稱之爲「日式涮涮鍋」，亦改良爲一人一小鍋制了。沒想到近年又傳回到中國大陸去，竟叫做「呷哺呷哺」了。

好想去北京吃羊肉。自從上次在東來順好好吃了一頓涮羊肉，已經差不多一年了。也就是有一年沒有好好吃羊肉，眞有點浪費人生的感覺。那天在新東安市場總店，門外人龍排得長長的，而且裡面的客人幾乎都在吃猩紅色的手切生肉片，跟我印象中凍得硬邦邦，盤子上堆得高高的粉紅色冰肉捲不一樣。之前在上海，我也看到了當地涮羊肉吃沒經冷凍的「熱」肉，還以爲那是江南習俗。果然北京正宗涮羊肉都流行吃「熱」的了。可見傳統是活著的東西，歲歲年年會不同。

我平生第一次吃涮羊肉也在北京東來順。那是在一九八五年的冬季裡，當年日本經濟新聞駐北京的三森特派員請了一桌客，主賓爲《一個日本人眼中的新舊中國：北京三十五年》的作者山本市朗先生夫婦。山本先生是日本戰敗後被中共留用的金礦工程師，經過文化大革命的風波一直定居北京，一九八〇年問世的日文半生記獲得了每日出版文化獎。有主見的男人非常了不起，我倒同情陪夫婿在異鄉過晚年的夫人。未料小個子的老太太優雅地微笑著說：「北京冬天有烤白薯，很好吃的。」東來順老店位於王府井金魚胡同破房子的二樓，即使開了暖氣都不怎麼管用，大家穿著棉大衣，戴著軍帽，圍火鍋喝烈酒，在昏暗的舖子裡充滿著白色蒸汽。

東京人沒有吃羊肉的習慣。鮮肉店賣的肉類始終只有豬肉、牛肉、雞肉三種而已。連鴨肉、鴨蛋都沒有得賣，更何況是羊肉。非得去百貨公司地下的肉食店，才能找到從紐西蘭進口的冷藏羊排。那還是用玻璃紙包得緊緊的，根本不像北京肉市場隨便擱著的整隻羊腿。不過，一般的日本人如果看到了整隻羊腿肉，十之八九會生怕。東夷倭人之子孫處理生猛海鮮還滿輕鬆，一面對四條腿的陸上動物卻不知所措了。給顧客看到了大腿、肘子甚麼的，搞不好會當街失神昏倒呢。所以，東京肉店冰櫃裡擺的都是已切好能用筷子夾起來的小肉塊、小肉片，以及絞肉。雞肉也只有雞塊、雞腿、翅膀等，除非在聖誕節前兩天，看不到全雞的。我知道大陸人不一樣。記得在多倫多認識的蒙古族舞蹈家康紹輝，在獨居公寓的小廚房花半天熬煮羊腿湯。不鏽鋼大鍋裡熬好的湯完全透明，味道爽快又香濃，是我這個日本人從來沒嘗過的滋味。

多數東京人平時不吃羊肉，更不知道涮羊肉爲何物，甚至以爲しゃぶしゃぶ（shabu-shabu）（涮肉鍋）是道地的日本菜。最近也有個大學教授在部落格上津津樂道：日本しゃぶしゃぶ源自瑞士fondue bourguignonne（牛肉火鍋）。其實應當是中國北方的涮羊肉，戰爭年代傳來日本，只是因爲找不到羊肉，臨時改用「霜降（瘦肥參半）」牛肉片，在熱湯裡涮一涮後，沾著芝麻醬吃食，結果大受國人歡迎，其勢頭竟壓倒之前人氣最高的すきやき（sukiyaki）（壽喜燒）牛肉鍋，如今成爲國際上最有名的日本料理之一了。不過，連「しゃぶしゃぶ」這名稱，本來就是中文「涮涮」的日本音譯。傳到台灣去以後，稱之爲「日式涮涮鍋」，亦改良爲一人一小鍋制了。沒想到近年又傳回到中國大陸去，竟叫做「呷哺呷哺」了。也就是，中文「涮涮」的日本音譯「しゃぶしゃぶ」的中國音譯！

我總覺得眾火鍋之中的大王是涮羊肉，尤其是北京東來順的。每次向日本朋友介紹涮羊肉的時候，我都傲然斷言：不信你去一次嘗嘗吧，北京的羊就是與眾不同，那是給皇帝吃的，一點不愧爲元大都忽必烈汗的遺風！

說到北京的羊肉，我也絕不能忘記烤肉季。第一次是一九九七年的初夏，從香港九龍站開往北京西站的直通車剛開通後不久，跟未婚夫包軟臥鋪去了一趟婚前旅行。什刹海一帶當時仍然閑靜幽雅，空氣中卻充滿著西瓜皮味道，而且路邊奔跑的小朋友穿著開襠褲。我們在銀錠橋附近散散步，湖邊發現了有家清眞老舖子叫做烤肉季。

那天我才明白，日本北海道著名的「成吉思汗鍋」（ジンギスカン鍋，燒羊肉），究竟是從哪裡來的。成吉思汗當然是建設了元大都的忽必烈之爺爺。原來，日本人不僅引進了しゃぶしゃぶ涮肉鍋，果然也學了北京烤羊肉。只可惜北海道是日本版「大西部」，烹調文化根基不厚。雖然那裡有日本稀少的牧羊場，但是烤肉爐子做得不對，配菜、佐料也不夠講究。結果，聞名全日本的北海道名菜，一半的內容不外是焦黑的芽菜。儘管如此，去北海道旅行的東京人一定要嘗嘗成吉思汗鍋，不管好吃不好吃，感覺充滿著異國情調。（而且日本有俗語說：名產沒有好吃的。）「北海道」以及「綿羊」在一般日本人的腦海裡都有很洋氣的形象。不然村上春樹也不會寫以北海道爲背景的《尋羊冒險記》。我只是非常遺憾日本人至今聽都沒聽說過北京烤羊肉，不知比北海道成吉思汗鍋好吃多少倍呢！

一九八〇年代在北京念書的日子裡，我曾是個不折不扣的窮學生，靠每月一百多塊錢人民幣的獎學金餬口，除非有人請客，不能上著名食肆享口福。當年我的北京朋友們也一樣窮，最有錢的時候才去西四延吉冷麵店吃狗肉。所以，整個留學年代，除了全聚德和東來順，我幾乎沒去過京城名店。幸虧，過而立之年有機會重訪舊地，終於發現了烤肉季，實在相見恨晚了，何況從窗戶望過去的什剎海那麼誘人，雖然湖邊林立的酒吧、咖啡廳一年比一年多。從此以後，我們每一趟北京之旅，絕對不錯過全聚德、東來順和烤肉季。雖然我們也對西單砂鍋居的白肉、水晶肉很有情感，但是由於在東京吃不到，更加念念不忘北京的羊肉。

二〇〇〇年代迅速發達的北京，外省菜館紛紛開張了。其中最教我驚喜的非新疆菜館莫屬。一九八五年的夏天從北京搭火車往酒泉、敦煌、烏魯木齊、吐魯番，然後改坐三天三夜的大巴士穿越塔克拉瑪干沙漠往喀什，一路上吃的新疆菜，如拉條子、手抓羊肉等，我說後來夢想了二十年都一點也不誇張。二〇〇五年春天，北京使館區正鬧著反日示威，不要緊的，我們去了東四六條彎彎月亮新疆餐廳。飯桌上擺滿了羊肉串、拉條子、燒羊肉、手抓飯、酸奶等，我感動得差一點就要掉眼淚。實在幸福極了，這些年的等待完全值得了。唯一不滿的是自己的飯量有限，不能全都吃光。我告訴自己：一離開北京飛回東京，再也不能吃新疆菜的呀，趁機盡情吃吧，特別是羊肉！

前些時，有個年輕學人從日本去北京出差，回來告訴我：「我眞沒想到北京那麼穆斯林。」他指的是羊肉串。北京人一定司空見慣了，但是對日本人來說，「羊肉串」算是聞所未聞的。除非去甚麼土耳其餐館，否則吃不到。可是，東京又哪裡有土耳其餐館呢？總之，一個地方的家常便飯，換了地方就是山珍海味。

這兩天我特別想念北京的羊肉。若能吃到東來順的涮羊肉、烤肉季的烤肉和燒餅，那會是理想。要不然，一個人兩支羊肉串也可以。對了，上次在北京，去新街口給女兒買好了一把小提琴以後，順路往北溜達溜達就看見了一家西安飯莊，裡頭坐滿的客人個個都忙於用手弄碎中東式硬麵包。聽說那是西安泡饃，我們從來沒吃過，特別想吃。但是，正逢午飯時分，人非常多，而且那一家不知爲何現在還是國營的，不知情的外國人站著觀看半個鐘頭都搞不懂規矩。該不至於要收糧票吧？我讓家人白站白挨餓，結果自己挨罵了。下次去北京，也一定想嘗嘗西安泡饃，只要我能搞明白那家的規矩。

【關鍵名詞】

山本市朗
やまもといちろう

Yamamoto Ichiro

山本市朗，在中國生活了四十多年的日本人。《一個日本人眼中的新舊中國：北京三十五年》中，他以親身的經歷記述了在新舊中國的所見所聞和感受，反映了新舊中國的政治、經濟、文化，以及社會上的風土人士，寫得生動，形象。是一本珍貴的回憶錄。在中國「四人幫」橫行時期，他被當作「國際間諜」逮捕入獄。五年半的監獄生活，寫得具體詳細。出獄後，他仍留在中國從事高級工程師工作。

（光明日報出版社）

誰的料理才地道？

【中国料理 ちゅうごくりょうり】
【中華料理 ちゅうかりょうり】

在如今的日語裡頭，「中華料理」和「中國料理」的區別似乎猶如「洋食」和「西洋料理」之不同。「洋食」指的是日式西餐，如：番茄雞粒飯、蛋包飯、碎牛肉餅。「西洋料理」指的則是相對地道的法國菜、義大利菜等。

「東京街上的中餐館可多，但是其中能吃到地道中餐的地方並不多。同學們，你們知道地道中餐館的標誌是甚麼嗎？」大學一年級的漢語課上，老師問了我們。下午的課，本來睡眼惺忪的學生們一聽到有關飲食的話語就本能地醒過來，擦著眼睛興致勃勃地傾聽老師接著要說甚麼了。「現在我教各位找地道中餐館的祕訣。你們好好記住吧。那就是仔細看外面的招牌，如果寫著『中華料理』最好敬而遠之，如果寫著『中國料理』就可以進去。我保證十之八九你們能吃到地道中餐了。」

那是一九八〇年代初，中國各城市的街頭還處處看得見文革留下來的紅色大標語的時候。至於台灣，則是蔣家王朝仍然穩坐釣魚台，解嚴還遙遙無期的年代。老師並沒有解釋爲甚麼打出「中國料理」招牌的餐館才會提供地道中餐，而「中華料理」店賣的則一定是不純的中餐。我們學生也不夠機敏即時提出這些問題弄清楚。不過，三十年後的今天回想，估計有兩個原因。

首先，當年中國大陸改革開放後不久，被允許出國到日本來的人很有限，其中有資本開餐館的更是少之又少。所以，東京眾多中餐館裡，中國大陸人經營的館子其實不多，但如果是他們開的店，恐怕就不會用「中華料理」這樣的名稱了。畢竟「中華料理」是日語而不是漢語。

其次，在戰後的日本，「中」字代表中國共產黨政權，「華」字則代表台灣國民黨政權。說到「日中」下面一定是「友好」；講起「日華」跟著無非是「親善」。「友好」的對象是共產黨，「親善」的對象則是國民黨。傻學生沒有察覺到，但是老師表明的有可能就是他自己的政治立場。他寧願要我們光顧「中」國餐館，而不要我們出入中「華」料理店都說不定。

日本有許多老華僑開的館子，掛的是「中華料理店」的招牌。例如，棒球大明星王貞治的父親，一九二〇年代到日本來的浙江人王仕福曾在東京開的「五十番」，算是「中華料理店」。會不地道嗎？關鍵似乎在於：戰後日本高校的中文老師，很多視北京爲正統，不僅語言如此，而且飯菜都是。

那位老師自己從沒帶我們去過他心目中的地道中餐館。不過，其他老師推薦的館子我倒去了幾家。其中對位於新宿二丁目的隨園別館，我至今印象深刻。那家的招牌菜「合菜戴帽」是用春餅捲起來吃的，在當年還沒嘗過北京烤鴨的日本大學生而言，充滿著異國情調。另外，聞名於世的紅燒海參，我也在那裡平生第一次吃了。還有，水餃也跟日本人常吃的鍋貼很不一樣。總的來說，隨園別館是老派的魯菜館，掛的是「北京料理」的牌子，說地道夠地道，只是後來我本人在不同的地方嘗過了各色各樣的中餐，體會到「地道」的中餐其實是五花八門，而且日新月異。

這些年，來東京開餐館的大陸人、台灣人都很多了。他們的政治立場和國家認同也比過去複雜許多。在如今的日語裡頭，「中華料理」和「中國料理」的區別似乎猶如「洋食」和

「西洋料理」之不同。「洋食」指的是日式西餐，如：番茄雞粒飯、蛋包飯、碎牛肉餅。「西洋料理」指的則是相對地道的法國菜、義大利菜等。同樣道理，日本人說「中華料理」一般指路邊小館子賣的日式拉麵、鍋貼、韮菜炒豬肝等平民化的日式中餐，或者從超市買來味之素Cook Do系列綜合調味料自己做的麻婆豆腐、青椒肉絲、酢豚（糖醋肉）、八寶菜（全家福）等。「中國料理」的形象則相對傾向於高檔菜式，如：北京烤鴨、鮑魚、魚翅之類。

同時，三十年前很少有的「上海料理」「北京家常菜」「台灣素食」等招牌也常在東京街頭看得見了。在韓國餐館、商店集中的東京新大久保車站附近，甚至開了「中國延邊朝鮮族菜館」。跟昔日比較，吃地道中餐的機會確實增加了。儘管如此，當有人問我：「東京的中餐館，你說哪一家做的菜地道？」我都會回答說：「如果你有錢，有時間，乾脆買張飛機票，去一趟台北也好，北京也好，上海也好，香港也好，保證能大開眼界，體會到原來地道中餐是怎麼一回事！」

菜單上的狐狸

【狐蕎麥 きつねそば】

【狸烏龍 たぬきうどん】

如今錢包裡的錢是自己賺來的，完全可以想吃甚麼就吃甚麼。儘管如此，不知怎地，每逢工作日中午爲吃便餐走進蕎麥屋的時候，我都覺得甚麼套餐太浪費了，還是在狐狸之間做選擇心裡才踏實。

小時候在東京，家裡有了客人，總得叫附近的小館子給送麵點來。東京麵館有兩種：中華拉麵屋和日式蕎麥屋。我母親對家附近的中餐店「味樂」評價不高，認爲姥姥家隔壁「來來軒」的老闆手藝比較踏實。所以，她一般都給「藪蕎麥」打電話。

東京的蕎麥麵館幾乎一半都叫做「藪」，其中以神田、淺草（並木）、上野（池之端）的三家「藪」爲代表。據歷史記載，一七五〇年代，當年江戶城已經有名叫「藪」的蕎麥店了。現存的三家裡，最老的一家是一八八〇年創業的「神田藪」，其次是一九一三年開張的「並木藪」，至於「池之端藪」則是第二次世界大戰以後才從「並木藪」獨立出來的。我家附近的一家「藪」，無論是歷史還是格調，都不能跟那些名店同日而言。不過，那是我長大以後才知道的事情。小時候還天眞地以爲，全東京的蕎麥屋都跟家附近的「藪」差不多。

當年我家經濟不寬裕，是父親開的小印刷廠一會兒給拒付票據，一會兒失火把廠房全燒掉導致的。母親捨不得請客花錢，可是既然來了客人則不能不請吃飯，實在教她進退兩難。何況家裡還有我們五個孩子要吃飯。客人一般挺世故的，主動選擇菜單上最便宜的菜式。如果是叔叔、伯伯的話，十之八九都會說：「我來一份『盛（もり mori）』吧」，因爲那種麵點可以當下酒菜，是既能省錢又能保持體面的雙贏選擇。

「盛蕎麥（もりそば mori soba）」是盛在長方形小籠屜上的純冷麵。醬油味佐料汁裡先放進少許蔥花和山葵泥（わさび wasabi，即綠芥末）後，一邊喝清酒，一邊使筷子，夾起幾根麵條來，沾著點兒佐料吮吸進去。這樣吃蕎麥麵，可以說是名副其實的小吃，絕對吃不飽肚子，卻能享受到口感和香味的樂趣。我從小非常嚮往麵館的「盛蕎麥」，但是母親絕不肯讓小孩子點。她說：「純冷麵嘛，在家裡都能做呀，幹嘛花錢叫外送的？」可是，家裡沒有長方形的小籠屜，母親做的佐料也沒有麵館的那麼濃郁，再說她從市場買來的是軟綿綿的蒸麵，跟店裡現做現煮的QQ麵條不會一樣吧。但是，母親說了算，不許繼續囉唆。

還有另一種冷麵，教我覺得更加神祕。那是「笊（ざる zaru）蕎麥」。雖說一樣是純冷麵，卻一定擺在圓形籠屜上，而且麵條上面擱著點紫菜絲。麵條和佐料都跟「盛」沒有分別，但是因爲多了那麼一點點紫菜絲，價錢就比「盛」貴五十塊日圓，即當時兩根蘇打冰棍的錢。母親自然敵視「笊」，認定那是腐敗的象徵。有一次，父親大概喝多了點酒吧，跟客人一起要了兩份「笊」。那個時候母親臉上的表情，我永遠不會忘記的。

總之，小孩子不可以點「盛」或「笊」。小孩子也不可以點其他很多種菜式。家母並不專門講經濟，也要講精神文明的。講價錢的話，最便宜的一定是「掛（かけ kake）」（清湯熱麵），但是母親認爲在客人面前點了就要丟臉。至於清湯熱麵加了個生雞蛋的「月見（つきみ tsukimi）」，又不能不叫她去計算一個雞蛋的買價和賣價的差額而生氣，因此還是不合適。結果，我們的選擇只有「狐」和「狸」了。

「狐（きつね kitsune）」指的是紅燒油炸豆腐片。據日本傳說，狐狸精特別愛吃油炸豆腐。蕎麥屋把大塊油炸豆腐片用醬油和砂糖調味後放在清湯麵上，就稱之爲「狐」了。「狸

（たぬき tanuki）」則是做天麩羅時候在油面上浮起來的碎渣，扔了太可惜，留下來起美名爲「揚玉（あげだま age-dama）」，擱在清湯麵上，就是「狸」了。小時候我愚蠢得可憐，一點也沒發覺「揚玉」原來是天麩羅的副產品，還把它當作高級食品。其實，東京人把「揚玉麵」叫做「狸」，箇中該有「受狸子迷惑」的意思。可是，當時我猜都沒去猜那個謎底，更沒想到蕎麥屋菜單翻到了第二頁就會出現「天麩羅麵！」

總之，小孩子被允許看的菜單第一頁上，始終只有「盛」「笊」「掛」「月見」「狐」「狸」六個花樣。把母親敵視如蛇蠍的「盛」「笊」「掛」「月見」除掉後，留下來的永遠只有「狐」和「狸」。好在東京蕎麥屋也都經售烏龍麵，所以我們起碼有「狐蕎麥」「狸蕎麥」「狐烏龍」「狸烏龍」總共四種選擇了。其中，我當時最喜歡吃「狸烏龍」。小麥粉做的烏龍麵白白胖胖，放進嘴裡感覺豐滿，比瘦黑黑的蕎麥麵條容易飽人。再說，「揚玉」畢竟是天麩羅的副產品，有蝦味的油炸麵渣擴散於湯水中，本來清淡的柴魚昆布湯變得濃厚誘人。

我們當時雖不至於挨餓，但也遠不是飽嘗美味過日子的。一九七〇年左右的東京小孩，還沒吃過漢堡也不曉得披薩爲何物。平時吃的大多是根本沒有油分的日本菜，如：燒烤沙丁魚乾、清煮青菜、冷豆腐、糠漬瓜菜。那半焦黑鹹死人的沙丁魚乾，曾是每個日本小孩的噩夢。對我們來說，中華屋的餛飩麵和蕎麥屋的「狸烏龍」算是最充滿油分，最奢侈的食品。其他只有肉店外賣的「可樂餅（コロッケ）」爲我們提供油分。

有一天，父親最小的弟弟來作客。他還年輕不懂事，到了吃飯時刻，竟把蕎麥屋的菜單翻到第三頁去，泰然自若地宣佈了：「來一份『鍋燒烏龍（なべやきうどん nabeyaki udon）』吧」。我之前聽都沒聽過甚麼「鍋燒烏龍」。當麵館夥計送來的大托盤上出現了個小砂鍋時，五個孩子都目瞪口呆。那砂鍋有蓋子，而且下面墊著木板。小叔一拿掉蓋子，我們就看見了鍋子裡有天麩羅大蝦、雞蛋、冬菇、青菜，還有「蒲鉾（かまぼこ kamaboko）」魚糕片等全家福，正在咕嘟咕嘟地煮著呢。那種純白色帶粉紅外皮的蒸魚糕，我們只有過年時候一人才能嘗三片，怎麼叔叔能一下子既吃天麩羅又吃「蒲鉾」，再加雞蛋和冬菇？我當場就感覺到母親從此到死都不原諒小叔了。

我上了高中，開始有機會下課後跟同學們一起光顧蕎麥屋。當時，家計也已經稍微好轉。但是，母親節約成性，蕎麥屋的菜單上，永遠只認「狐」和「狸」。我上的高中有些同學來自上流階級，從小習慣吃高檔食品。當我第一次跟那一批人上蕎麥屋，翻開菜單到第二頁之際，心中好緊張，有背叛母親，偷吃禁果的感覺。

那上頭果然印著「天麩羅蕎麥／烏龍」，還有我聞所未聞的「鴨南蠻」「雞南蠻」「咖哩南蠻」等勾芡過的湯水（南蠻汁）裡放著各類肉塊的品種。另有「力（ちから chikara）」是把烤好的糯米糕擱在上頭的。「阿龜（おかめ O-kame）」則是以「蒲鉾」魚糕爲中心的熱湯麵，是把白色魚糕片比作日本傳統的滑稽醜女面具「阿龜」的臉孔，再用雞蛋、菠菜、紫菜等給她設計五官。我發覺，原來日本麵館猶如動物園，不僅有狐有狸，還有烏龜呢。菜單第二頁上也有各種「丼」，即蓋飯，例如：「親子（雞肉雞蛋）丼」「勝（katsu，即炸豬排）丼」「天麩羅丼」。把蕎麥屋菜單翻到了第三頁，除了當年小叔氣死我母親的「鍋燒烏龍」以外，竟然有「天笊（tenzaru）」，就是「笊」冷麵配上「天麩羅」。該說腐敗到家吧？

高中生正處於身體迅速發育的年代，雖然中午吃過午飯，可是到了下午三點多放學時間，肚子又覺得餓。有些富家閨女同學，一走進蕎麥屋就連看菜單都不看一眼地就喊：「勝丼（かつどん katsu-don）！」裹上麵包粉油炸過的整塊豬排，在醬油砂糖裡稍微燒了以後，倒進打好的雞蛋，煮到半熟的地步，就撈出來放在熱騰騰的白米飯上請吃。這不叫奢侈，叫甚麼？但是我自己仍受著「心中母親」的控制，不敢違背她定的鐵規矩，再說錢包裡的零用錢也沒她們那麼多，每次總是在「狐蕎麥」「狸蕎麥」「狐烏龍」「狸烏龍」之間做了選擇。

平生頭一次上第一流蕎麥屋，已是過了而立之年後的事了。位於東京杉並區荻窪火車站附近的本村庵是一九二四年開業的老字號。繼承家業的第二代、第三代都充滿進取精神，一九八〇年代往當年的北京三越百貨公司傳授製造日式蕎麥麵的技術，一九九〇年代則去紐約開了曼哈頓分店。最近幾年又集中精神經營東京總店。一開拉門進去，我就感覺特別清潔。入口左邊能看到現場做蕎麥麵條的過程，右邊有幾套桌椅，裡頭是鋪著榻榻米擺著矮桌子的日式大房間。脫鞋上去，隔著玻璃窗戶看得見擺了盆景的小庭園。感覺既日本又摩登。在這兒，環境也是吃食的一部分。

打開菜單看一看內容，果然跟小時候在家附近的「藪蕎麥」很不一樣。最大的不同就是這裡沒有「狐」也沒有「狸」。菜單上最顯眼的位置介紹著純冷麵。（據說，品嘗蕎麥本身的味道，吃冷的比較好。）「盛」不叫「盛」而叫「蒸籠（せいろ seiro）」，我後來得知高檔店都用這稱呼。有「笊」，還有佐料汁裡放了蘿蔔泥的「卸（おろし oroshi）」，以及用鴨肉做佐料汁的「鴨蒸籠」等。熱湯麵也有。除了清湯麵「掛」以外，有「卵綴（たまごとじ tamago-toji，蛋

花）」「山菜」「生湯葉（なまゆぼ nama-yuba，嫩豆皮）」「山藥泥」「鴨南蠻」等。另一種麵食「蕎麥搔（そばがき soba gaki）」，我以前只聽說過而沒吃過，是燙蕎麥麵糕，一點一點沾著山葵醬油當下酒菜，滿有禪趣的。

那天，我平生第一次在蕎麥屋喝了裝在正方形杉木製杯子裡的冷清酒。嘴唇還沒接觸到冰涼的清酒以前，鼻子已經聞到杉木的香味，最後把酒水含在嘴裡，感覺猶如加盟了竹林七賢。工作日下午的本村庵，有幾位單獨來的老先生慢慢品嘗著冷清酒。大白天一個人能光明正大喝酒的地方，高檔蕎麥屋是首選。何況本村庵除了天麩羅外，還有「山葵蒲鉾」「蕎麥壽司」「蕎麥豆腐」「薑味小螺」等好幾種小巧玲瓏的下酒菜。是啊，都是小巧玲瓏的點心和名副其實的小吃。可以吃很久，因爲你永遠不會吃飽。

像本村庵的高檔蕎麥屋，東京有好幾家，但並不是哪兒都有的。至於普通的蕎麥屋，也就是東京到處都是的「藪」，近年很多都推出套餐，例如「海鮮丼、掛蕎麥套餐」或「鰻魚丼、盛蕎麥套餐」，爲的是讓客人吃飽。我離開父母家獨立生活已經很多年了。如今錢包裡的錢是自己賺來的，完全可以想吃甚麼就吃甚麼。儘管如此，不知怎地，每逢工作日中午爲吃便餐走進蕎麥屋的時候，我都覺得甚麼套餐太浪費了，還是在狐狸之間做選擇心裡才踏實。

又說狐狸

大阪長大的老公說：「哪兒有狐蕎麥，狸烏龍？只有狐烏龍，狸蕎麥嘛！」

我有時候眞懷疑，大阪人也是日本人嗎？怎麼跟我們東京人這麼不一樣？

他說：「只有小氣的東京人才收錢賣『天滓（てんかす ten-kasu）』的。在大阪，全是免費，你要多少就放多少。所以，大阪沒有『狸烏龍』。你點最便宜的『掛』素麵，盡情放入大量『天滓』，就比東京哪家蕎麥屋的『狸烏龍』都豪華了。」

人家說的「天滓」就是東京的「揚玉」，即炸天麩羅時候油面上浮起來的碎渣。（你看，大阪人說話多直接，東京人多懂雅趣！）

我問他：「那『狸蕎麥』又是怎麼回事？」

他說：「放了『狐』的蕎麥湯麵叫做『狸蕎麥』。你不知道？」

我又問：「甚麼意思？放了『狐』的蕎麥湯麵該叫做『狐蕎麥』吧？放了『狐』的蕎麥湯麵爲甚麼叫『狸蕎麥』呢？」

大阪人：「阿呆！放了『狐』的烏龍叫『狐』，放了『狐』的蕎麥麵叫『狸』。明白了沒有？」

東京人：？？？？？？

如果沒跟大阪人結婚的話，大概我一輩子都以爲東京代表日本。現在才知道日本其實也相當多元化。僅僅在東京、大阪兩地之間，用詞和生活習慣的差別這麼大的。

不過，連東京人都認爲烏龍麵是關西的好吃，四國的讚岐烏龍，大阪烏龍，伊勢烏龍都很有名氣。反過來在東京，烏龍被認爲是嫌蕎麥麵苦澀味的小孩子才吃的東西。講到狐烏龍，大阪的該是最地道的。

大阪人：「大阪的蕎麥屋很少。但是，到處都有賣烏龍的館子。大家都吃『狐』，沒錢的吃『掛』。當然，吃『狐』也可以加『天淬』呀。這樣子不就成了『狐狸烏龍』嗎？」

東京人：「狐狸烏龍？我糊裡糊塗了。」

哎呀，你真出世了！

【出世魚　しゅっせうお】

世界上的各種語言，並不是每一種都有一樣的詞彙分布的。舉個例子，我有一次跟英國美食家談話，很驚訝地發現：人家把不同種類的海藻都叫做「seaweed」，而根本不分別昆布、若布、海苔、羊栖菜的。

日文的「出世」不是出生的意思，而是晉升、成功的意思。所以，說「出世魚」就是會晉升的魚兒了。

魚兒怎麼會晉升呢？在愛吃魚的日本人看來，越大的魚兒越有吃頭，因此越了不起。不過，出世魚並不是大魚的意思。

出世魚是一級一級晉升的魚。比如說，在壽司店常見到的鰤魚（ぶり buri），那是晉升以後的名稱。最初，全長還不到十五公分的時候，牠叫做もじゃこ mojako，不過只有釣魚的人有機會看到。

長到十五公分，才會在魚市場出現，這個時候的名字是若子（わかし wakashi）。再長到三、四十公分，則是夏天人氣很高的いなだ inada了，往往在鮮魚店裡整條地出售，帶回家後一半做刺身吃，另一半則跟蘿蔔塊一起煮，保證會覺得很划算。這種魚眞會成長，不知不覺之間，會長到六十公分左右。這麼大了很難在家中廚房自己處理，一般都在魚市場買砍成兩半去掉骨頭的魚肉塊，此時的名字爲わらさ warasa。在日本，只有全長九十公分以上的才叫做ぶり buri，既是冬天刺身的首選，照燒（紅燒）起來味道又特別美，果然商店裡最好的位置擺著堂皇的鰤魚排賣。

也就是說，雖然是同一種魚，市場價值很不一樣，因此以不同的名稱出售的。

又例如沙丁魚，不到一公分的魚苗叫做しらす shirasu，就是台灣人所說的「魩仔」吧，日本人則煮熟後曬到半乾，撒在白米飯上吃。我小時候，しらす shirasu是每兩天一定上飯桌的家常便飯，現在不那麼便宜了，算是大人的下酒菜，經常跟生蘿蔔泥一起吃。至於幾公分長的小沙丁，就叫做かえり kaeri或あおこ aoko，銀色的小魚乾（にぼし niboshi）看起來很漂亮，當零食吃也不錯，西日本人做味噌湯，經常用這種小魚提味，到了元旦更成爲年菜「田作」的材料。かえり kaeri的中文名稱好像是丁香魚，也就是台灣小菜花生魚乾裡的小銀魚。在日本，長到十公分左右，才眞正算是沙丁魚，稱之爲小羽沙丁。到了十五公分就叫中羽沙丁，二十公分的則叫大羽沙丁。如果是小羽做刺身，一條只能取兩片。但是大羽的話呢，一條能取八到十片，可當作一人份晚飯主菜了。在日本人眼裡，魚苗和大羽沙丁根本是兩種不同的魚類，忽然注意到牠們原來是同一種魚的不同階段，說不定眞有人感嘆到：哎呀，你眞「出世」了！

聽說，住在北極圈的愛斯基摩人，關於冰雪的詞彙特別豐富。日本人由於是愛吃魚的島國民族，關於魚類的詞彙可不少。你知道嗎？世界上的各種語言，並不是每一種都有一樣的詞彙分布的。舉個例子，我有一次跟英國美食家談話，很驚訝地發現：人家把不同種類的海藻都叫做「seaweed」，而根本不分別昆布、若布、海苔、羊栖菜的。我趕緊提問了「明明是不同的東西，怎麼可以只有一種名字呢？」他果然說：「因爲我們哪個也不吃，所以不需要知道個別的名稱。猶如雜草，你只知道統稱是雜草就夠了。」實在沒想到，在古代日本身價昂貴到可以當貨幣通用的昆布，到了西洋不過是海裡雜草。

言歸正傳。在日本，隨著成長名稱變更的出世魚，除了鰤魚和沙丁魚以外，還有鱸魚和烏魚等。也有些魚，例如鰶魚，四、五公分長的魚秧新子（しんこ shinko）算是日本山珍海味之一，七、八公分的小鰭（こはだ kohada）亦可以說是東京壽司不可缺少的重要材料，但是到了成魚階段卻不怎麼受歡迎。牠的身價不是越來越高，反而是越來越低，因此不被稱爲出世魚。

另外一些魚，例如鮪魚，雖然在不同的階段，不同的大小，都有不同的名稱（從よこわ yokowa經めじ meji到まぐろ maguro）但也不算是出世魚，因爲無論大小，鮪魚始終是鮪魚，沒有從銀魚經丁香魚到大沙丁，或者從新子、小鰭到鰶魚那種戲劇性的變化。看來，被日本人承認爲「出世魚」，除了改頭換面以外，還要具備鯉魚跳龍門一般吉祥的形象。

失去了食慾的社會

【食育しょくいく】

大家不再一起吃飯以後，這個家會失去家庭該有的溫暖，「個食」和「孤食」容易發展成「孤立」。

日本的教育，自從十九世紀的明治維新，一向以「智育、德育、體育」爲主要內容。這本來是英國哲學家斯賓塞（Herbert Spencer，一八二〇—一九〇三）的教育思想，一八八〇年就出版了日文版《斯氏教育論》，對當時剛開始近代化建設的日本人影響頗大。誰料到，進入了二十一世紀，忽然又多了一項「食育」。二〇〇五年日本政府施行「食育基本法」，以此要推進「健全的飲食生活」了。

「食育基本法」前文指出，

現代日本人的飲食生活有：營養偏頗、肥胖率提高、糖尿病患者增加、過度減肥流行、市場上「假食品」源源不斷、糧食自給率低落、傳統飲食習慣崩潰等種種問題。根據內閣府發佈的統計數字，如今日本人攝取的脂肪比三十年以前增加了兩倍，結果百分之十的學童和百分之三十的中年男性都過於肥胖，同時百分之二十五的年輕女性由於過度減肥而體重不到標準水平，缺鈣現象尤其嚴重，到了更年期容易發生骨質疏鬆症。「食育基本法」指出，這些負面現象會影響社會發展，也加重國家的醫療費負擔，因此「使得每個國民確保身體精神兩方面的健康，能夠一輩子過健康充實的日子」已成爲燃眉之急。

具體而言，從小學教室到電視廣告，這些年日本人到處都喊「早睡、早起、吃早飯」的口號。因爲上面列出的種種問題，似乎很多是孩提開始缺早餐，或者「孤食」和「個食」成性的後果。據統計，不吃早餐的小學生有百分之四，至於二十歲和三十歲之間的男性則有百分之三十之多，跟各年代的肥胖率有不謀而合的趨勢。所謂「孤食」指的是「一個人吃飯」，例如小學生自己吃杯麵當早餐。「個食」則指「雖然跟家人在一起，但是各吃各的飯」，例如母親吃便利店買來的飯糰，小朋友吃同一家店買來的奶油麵包。在「孤食」和「個食」的飯桌，自然很難保持「傳統飲食習慣」了。再說，麵包、泡麵等麵食的材料是進口小麥，對國家的糧食自給率也沒有好處。

「食育」一詞早在一八九六年就有當年的日本陸軍藥劑監，也是Macrobiotic diet（正食運動）的先驅者石冢左玄在著作《化學的食養長壽論》裡使用的例子。他說：「智育、德育、體育都以食育爲本。」二十世紀初，村井弦齋寫的暢銷小說《食道樂》也多次講到了「食育」。一九〇三年問世的《食道樂》是近代日本第一本的「食經小說」，文中介紹了六百多種菜餚，其中包括「和洋中」即「日本、西方、中國」的美味。不僅如此，村井也寫道：世上到處都是「假食品」，例如裝在洋酒瓶中的國產酒、用植物油做的「奶油」，放了許多防腐劑對健康有害的飲料等，非得提高群眾對食品安全的認識不可。顯而易見，二十世紀初日本的世相其實跟二十一世紀初頗像的。從這角度來看，被忘記了一百年的「食育」一詞捲土重來並不無道理。

《食育基本法》是幾個自民黨國會議員共同提出的法案。他們代表農業團體和保守勢力，提倡多吃國產大米，並且恢復儒家式道德觀念。同時也有更多唯利是圖的人和集團，只要有賺錢的機會，無論甚麼都願意賣，包括重新被挖掘的「食育」。他們一看到「食育」成潮流，就策劃起各種有關商品和服務來，例如「食育」指導員、輔導員的函授講座。連明顯破壞「傳統飲食習慣」的快餐大王麥當勞都開設有關網頁，製作「食育」DVD，免費租給有興趣的小學教員，甚至可以派遣講師開「食育」課。光是二〇一〇年，日本全國的小學開了總共六六二個小時的「麥當勞食育」課。上完這一堂課，同學們就會很清楚，吃麥當勞漢堡對身體、對環境都多麼健康、友好。可見，關於飲食，日本人道德敗壞、思想混亂的程度到了甚麼田地。

究竟甚麼樣的國家社會才需要制定「食育基本法」呢？旭通廣告公司200X家庭設計室，自從一九九八年起對日本家庭的飲食生活進行定期調查，室長岩村暢子已出版了三本報告書：《變化的家庭，變化的飯桌：被眞實破壞的市場調查常識》《現代家族的誕生：幻想家族論的死亡》《最可怕的普通家庭：徹底調查！破滅的日本飯桌》。標題中就氾濫著「破壞」「死亡」「可怕」「破滅」等本來跟飲食不大相配的詞。岩村是廣告公司的市場調查專家，卻進行社會學者一般的調查，因爲她發覺，根據歷來的市場調查模式開發出來的商品、打的廣告都對新世紀的消費者不再靈通。於是做了調查的結果，果然令人大開眼界。

第一本書的調查對象是一九六〇年以後出生的家庭主婦，因爲在日本，一九六〇年是現代化的分水嶺。她們跟人們想像中的「日本主婦」很不同，一點也不勤勞，一點也不賢淑，懶得做費時間的傳統菜餚，寧願把快餐店的炸雞、便利店的便當買回家塡飽小孩的肚子，至於老公，要麼讓他吃跟孩子們一樣的垃圾食品，或者請他自己光顧便利店解決伙食問題。

第二本則是對那些懶惰主婦的母親做的調查報告，因爲社會上普遍認爲，老一輩的日本主婦是勤勞、賢慧，能做傳統菜餚的。調查結果發現，一九三〇年代出生的奶奶一代人，小時碰上了戰爭，曾經長期挨餓，一九五〇年代以後生活才開始寬裕，便凡事學美國人進行了現代化。她們一結婚就放棄了日本傳統的榻榻米和矮桌子，卻引進西式桌椅和沙發來，早晨吃吐司喝即溶咖啡，讓女兒學鋼琴和芭蕾舞，從超市買來冷凍食品用微波爐弄熱吃，表現出戰後一代的上進心。她們自己會做傳統菜餚，包括「御節料理（年飯）」，但不是未婚時代在娘家學的，而是結婚以後自己看雜誌、看電視學的。岩村說，戰爭年代出生，廢墟上長大的奶奶她們是白手起家的一代人，沒有傳統可回去。從軍國主義的戰時到民主主義的戰後，經歷過價值觀念的大演變，她們相信女兒一代也自然會應對新的時代生活下去，並沒必要就生活上的細節如做飯特地說三道四。

第三本書的訪問對象又是正在養育孩子的家庭主婦，但是這次專門調查了她們家庭的過節方式。以前日本人認爲元旦是迎接「歲神」並全家團聚的重要日子。最近卻有很多人寧可把精力和經費花在聖誕節上，即使自身和家人都不是信徒。非信徒的日本人慶祝聖誕節的方式，主要是家內外做許多電燈裝飾。至於宴會的菜式，大多都去肯德基買炸雞，也去西點店買蛋糕。從前的聖誕蛋糕是圓形的，如今由於「個食」已根深柢固，許多家庭買奶油和巧克力兩種的半圓形蛋糕，或者買一人一塊的多種蛋糕。過完了聖誕節，許多主婦都覺得用完了力氣，甚少有人接著準備在自己家裡過元旦。她們認爲，元旦最好出去旅遊，或者到娘家、婆家吃姥姥或奶奶做的年飯。如果留在自己家的話，往往連元旦都睡懶覺，不會想到趕緊起來向丈夫、孩子賀歲並一起吃飯。反正沒有準備年飯，大家都十年如一日去家附近的便利店選購食品而已。買來的是飯呢，還是零食呢，早就沒有了區別。

飲食男女，人之大欲存焉。本來應該如此。然而，今天在日本，很多人都公然說，對飲食沒甚麼興趣。小時候挨過餓的奶奶一代人，曾生育孩子的時候，熱心引進了西式生活，也學做了新的菜式。然而，孩子們一代是在飽食的社會裡長大的，不曾挨過餓，食物始終不是太少而是太多，被視爲減肥的阻力。她們對飲食理應好冷淡。但是，大家不再一起吃飯以後，這個家會失去家庭該有的溫暖，「個食」和「孤食」容易發展成「孤立」。上述三本書都收錄著很多張照片，都是受訪者自己拍攝了自己家飯桌的。杯麵、麵包、便利店的便當、買來的烤雞腿、宅配的披薩、塑料瓶裝的汽水，無例外均是半加工或全加工的工業產品，令人異化似乎理所當然。顯而易見，失去了「食慾」的社會才會需要「食育基本法」。但是，失去了「食慾」，無論是社會還是人，難道不等於走上了自滅之路嗎？

【關鍵名詞】

村井弦斎
むらいげんさい

一八六四年一月二十六日，愛知縣豐橋市出生，卒於一九二七年。他是明治時期的記者，撰寫新聞小說的第一把交椅。《食道樂》一九〇三年於《報知新聞》連載一年，受到廣大歡迎，介紹和洋中華共六百數十種料理，連載完發行單行本，亦空前暢銷。

（岩波文庫）

一定勝利！

【KitKat】

KitKat由日本人發音出來成爲「キットカットkitto katto」，而前邊的「キットkitto」在日文裡是「一定」的意思。至於後邊的「カットkatto」呢，則是「勝」即「カツkatsu」的變形。

日本人向來愛玩諧音、雙關語。正如廣東人過春節要買金桔樹，吃「髮菜蠔豉（發財好市）」等吉利年菜一樣，日本元旦的餐桌上也少不了象徵富貴的「金團」（蜜糖栗子）、代表子孫繁榮的「數子」（鯡魚子）等「御節料理」。還有，黑豆是勤勞的寓意啦，糯米糕象徵耐性啦，蓮藕則意味著瞭望啦，小時候每年都聽到家裡的長輩講許多許多關於吉祥菜餚的起源。

不僅是傳統日本菜，連外國傳來的新菜式，也會被日本人用來玩諧音。比如說，西餐大王牛排（steak），日本人簡稱爲「テキ teki」，發音跟「敵」字一樣的。正好有另一種日式西餐炸豬排（cutlet），日本人則簡稱爲「カツ katsu」，恰巧跟「勝」字是同音。這麼一來，同時吃了牛排和炸豬排，不就是「勝敵」了嗎？結果，每年夏天在甲子園球場舉行的全國高中棒球大會，球場附近的協力旅館，爲了鼓勵「球兒」們準備的晚餐菜譜上，一定出現牛排和炸豬排了。這是一定（日文說キット Kitto）的。因爲日本人普遍求吉利，也普遍相信「言靈」，即詞語擁有的神祕力量。

好，我現在給你出一道謎吧。綜合以上講述，請你猜猜：全球最暢銷的巧克力品牌雀巢公司的KitKat，在日本市場會發揮甚麼樣的特殊力量？

這種巧克力是一九三〇年代在英國誕生的。後來傳播到加拿大、南非、紐西蘭等舊英國殖民地，一九七〇年代開始向歐陸、日本、美國推銷。可以說，日本人對這品牌相當熟悉。但是，它開始擁有魔術力量則是相對最近的事情。

好像最初是九州某一個中學生看著包裝注意到了一個神祕的符合。KitKat由日本人發音出來成爲「キットカット kitto katto」，而前邊的「キット kitto」在日文裡就是「一定」的意思。至於後邊的「カット katto」呢，則是「勝」即「カツ katsu」的變形，因爲東京話的「カツゾ katsu-zo（勝

呀）」到了九州要變成「カット katto」。大概就是這樣子，講九州方言的中學生看出來了KitKat其實就是「一定勝呀！」的諧音。按照日本傳統的「言靈」信仰，凡是說出來的話都成爲祈禱，會變成現實，也就是靈驗。

沒多久，九州中學生買KitKat圖吉利的習俗開始傳播到日本各地去，廠家雀巢糖果公司也自然不甘寂寞了。該公司在推銷方面本來就相當積極。一九九六年上市的新商品KitKat Orange受消費者歡迎以後，在全球各地開始販賣當地特有的品種。跟日本人熱愛小玩意的氣質結合起來，在日本市場賣的品種最多。例如：北海道夕張香瓜味、烤玉米味、山形櫻桃味、東北毛豆沙味、東京醬油味、靜岡わさび wasabi味、信州蘋果味、名古屋味噌味、京都宇治抹茶味、神戶布丁味、九州柚子辣椒味、沖繩紅薯味等等，這些全是巧克力的品種呢！二〇〇八年起，每逢日本的入學考試季節，即冬天，雀巢糖果公司就跟郵局、電話公司、漢堡店等合作，展開給應考生贈送特製KitKat的推銷活動。比方說，喜氣洋洋的紅白兩色包裝品種啦、巧克力上刻著「大丈夫（會好的）」「Keep Smiling」等文字的「鼓勵應考生包裝」啦，還有兼顧著日本人對櫻花的信仰，塗上了櫻花味抹茶奶油的品種啦。

有趣的是跟雀巢爭市場的ロッテ Lotte（樂天），爲了推銷自社商品「樂天小熊餅」，近年也推廣起關於樹袋熊的傳說來了：袋熊是即使睡著都不會從樹上落下的，也就是說，吃這種點心絕不會「落」第。於是在日本，冬季賣的「樂天小熊餅」包裝上，看得見「合格」兩個字，裡面的巧克力餅上也寫著「櫻花要開」「大吉」等吉祥文字。

你說日本人迷信？還是很會做生意？

東京荷爾蒙

【荷爾蒙 ホルモン】

硬要把兔子（日文念うさぎ wusagi）説成是「鵜」（念う wu，指鸕鶿）加「鷺」（念さぎ sagi）算是鳥類啦，或者把馬肉説成「櫻肉」，把野豬肉説成「牡丹肉」等。跟廣東人把狗肉説成香肉是同工異曲嗎？好像不是。因爲日本人是壓根兒要否定他們吃動物肉的。

東京肉店的冰櫃裡，永遠只擺著雞、豬、牛三種肉。連鴨呀、羊呀都沒有的，更不用提廣州清平路農貿市場賣的各種山珍了，跟任何一天都大賣上百種魚呀、蝦呀的魚店呈現鮮明的對比。再説，東京肉店賣的雞、豬、牛三種肉，一般也是去了骨頭的。説實在，你在東京買到的雞肉還帶著一層皮的話，已經算幸運的了，因爲有些商店連皮都給拿掉後才出售，據説是很多人嫌雞皮卡路里高的緣故。可見，健康意識太高了，反過來味覺就出問題。至於豬皮、牛皮呢，在日本歷來只有皮革商人會有興趣。我到中國得知豬皮可以曬乾後油炸吃，眞是大開眼界了。

記得我小時候，聖誕節吃烤雞腿還是直接拿起大腿骨啃；今天的雞腿卻只有肉，多數小朋友吃的聖誕晚餐也變成了肯德基家鄉雞。總的來說，原材料和成品之間的距離越來越遠。日本人吃葷的同時想要忘記那是殺動物取得的肉。所以，我在課堂上跟日本大學生說，中國的農貿市場賣咯咯叫的活雞，他們都目瞪口呆，不敢相信普通老百姓能把活雞處理成雞肉。雖然理論上他們也知道家鄉雞的原材料是咯咯叫的雞，但拒絕去想像中間的處理過程。這在現代日本社會是完全可能的，因爲屠宰、解體與賣肉已經完全分割開來，消費者去肉店也看不到鮮血，只看到跟豆腐一樣成爲了食品以後的肉。

當我在課堂上說，有一次坐火車從杭州前往福州，車上看見了一個春節回鄉的乘客在旅行袋裡裝著好多生猛甲魚，同學們以爲是天方夜譚之類。其實，大江健三郎的小說中也有作家在自家廚房裡跟活甲魚死鬥的場面，但一般讀者會斷定純屬虛構。所以，我也不敢跟學生講，曾經住在香港北角的時候，每天上班的路上一定得跨過渣華道路口的肉攤子放置於人行道上的牛頭，而且還是沾滿鮮血的。當然，我也可以跟給他們說：英國食品「頭酪」（head cheese）就是用牛頭肉做的；愛爾蘭裔美國作家Frank McCourt在自傳體小說《安琪拉的灰燼》中寫道，他小時候家裡很貧窮，聖誕節都買不起肉，幸虧好心的肉店主人送給了他們一個牛頭，媽媽帶回家放在大鍋裡煮了。

說到底，日本人對肉食的態度仍然受著佛教禁殺生的影響，始終有所偷偷摸摸，不容易達到光明正大的境地。其實，山區的日本人一直吃著兔肉、馬肉、野豬肉。但是不敢直呼其名，硬要把兔子（日文念うさぎ wusagi）說成是「鵜」（念う wu，指鸕鶿）加「鷺」（念さぎ sagi）算是鳥類啦，或者把馬肉說成「櫻肉」，把野豬肉說成「牡丹肉」等。跟廣東人把狗肉說成香肉是同工異曲嗎？好像不是。因爲日本人是壓根兒要否定他們吃動物肉的。

在這麼個文化環境裡，吃豬呀、牛呀的內臟肉，即使談不上需要甚麼勇氣，至少非得偷偷摸摸不可。我小時候，一九七〇年左右吧，偶爾被父母帶去了東京淺草一家叫菊水道場的「燒鳥屋」。那舖子主要提供串燒，有「liver、hearts、guts、白、頭」等品種。我當時還年紀小，傻乎乎地沒搞明白前面三個其實爲英文的肝臟、心臟、胃，顯然是用外語來隱蔽破戒之事實的。至於後面的白和頭，就不外是豬小腸和豬頭肉。換句話說，東京藍領階層所謂的「燒鳥」實際上全是豬下水。儘管如此，父母從來沒有給我講明過，我自己發現了眞相以後也懂得羞愧，絕不會在學校裡告訴別人：我們家到淺草吃「物」去了。「物」（念モツ motsu）是「臟物」（ゾウモツ zo-motsu）的隱語，因爲日本許多人本來忌諱吃內臟肉，所以省掉「臟」字，簡稱爲「物」的。

菊水道場的「燒鳥」父母還讓我們陪吃了。但是，當年他們常去的另一家館子卻謝絕兒童。父母叫那家店爲「pute-can」，哥哥解釋說，是英文單詞「captain」倒過來的。「你懂不懂？captain是船長的意思，再倒過來不就成爲『長船』了嗎？念『cho-sen』，就是『朝鮮』的意思了。」倒過來倒過去複雜極了，都是爲了偷偷破戒吃內臟肉。「pute-can」給人的感覺猶如地下店，至少上不了檯面是肯定的。跟日本人經營的「燒鳥屋」不同，「pute-can」是朝鮮人開的烤肉店，母親說那裡的「ミノ mino」特別好吃，別的地方吃不到。今天網路上的百科全書都說：「ミノ」是牛的瘤胃，看樣子像蓑衣，所以叫「蓑」（日文念ミノ）。當年我父母不知道「ミノ」是日語，卻以爲是朝鮮語。父親還說：「日本人不曉得這些東西可以吃，都扔掉了。朝鮮人厲害，撿來做生意。」我長大後得知，日本的朝鮮烤肉店也提供其他種牛內臟肉：蜂巢胃、百葉、皺胃、肝臟、舌頭等。

以前美名爲「燒鳥」的串燒豬下水，後來改名成「ホルモン荷爾蒙」，那好像是一九八

○年代發生的變化。東京各火車站附近都有擺著炭爐子賣串燒的攤子或小館子，正如從前在北京街頭戴圓帽子的維吾爾人賣串羊肉那樣。區別在於日本的串燒永遠離不開酒水，尤其是叫ホッピー（hoppy）的仿啤酒廉價飲料。不知甚麼時候開始，那些攤子、館子都掛起搶眼的「荷爾蒙燒」旗子來了。「荷爾蒙」顯然就是補品的意思，難免太露骨了吧。不過，另一種解釋是：當初大阪人用起這個詞，是因爲日本人本來不吃，順手「要扔掉的東西（大阪話說ホールモン（horu-mon））」，別人聽了就以爲是「荷爾蒙」，其實純屬誤會。我因爲記得父親說的那句話，傾向於相信這說法。

一個民族的飲食習慣隨著時代而變化。一九九○年代的東京，曾一時流行過發祥於九州福岡的「物鍋」，乃主要用牛腸和高麗菜做的一種火鍋。以前吃「物」是不可告人的，這回倒成了時髦食品。只可惜，由於狂牛症風波，「物鍋」連鎖店不久從首都東京撤退了。然後，進入二十一世紀，大概受了韓流影響吧，韓式「燒肉屋」的形象大大的改善，如今升級爲能跟迴轉壽司店並肩，家長帶小朋友全家去享受美味的地方了。當然再也沒有人用「pute-can」那樣複雜的隱語。跟正宗韓國菜相比，在日本「燒肉屋」的菜單上，各種內臟肉佔的比率明顯偏高。這不可否定跟早期韓國人在日本社會地位之低下有關。吃不起肉的才吃下水，似乎古今東西都屬實；弔詭在於有些內臟肉比肌肉還好吃。

今天在日本，連良家子女都公開去「燒肉屋」吃牛肝（liver）、牛舌（tongue）、牛腸（「荷爾蒙」）等等。但是，在普通肉店裡，還是幾乎看不到這些部位；估計是從屠宰場經批發市場直接賣給各家「燒肉屋」。反正，你如果叫日本家庭主婦自己料理牛肝啦、牛舌啦、牛腸啦，恐怕她們都不敢親手碰觸呢。然而，吃是另外一回事。不敢觸摸的東西，人也樂意吃，正如不想知道處理過程的食品，人也願意吃。

前些時，日本流行大腸桿菌導致的疾病，起因於一家廉價烤肉店提供的生牛肉和生牛肝。病人當中還有小孩子，也就是說，居然有父母讓才幾歲的兒童在外面吃生牛肉、生牛肝。日本人的衛生觀念到底出了甚麼問題？但是，教我更加驚訝的是，當局暫時禁止全國餐廳提供生牛肉、生牛肝之際，竟有報紙社論道：肉膾、生牛肝如今是日本的「大眾食」，輕易禁止不符合現實。沒想到，「燒肉屋」上了檯面才十幾年，不僅烤下水，而且生牛肉都已普及到被報紙稱為「大眾食」的地步了。後來的調查報導指出：韓國因為有吃生牛肉的長久歷史，所以每家肉店、餐廳都懂得如何正當處理，甚少有衛生問題；反之，日本人對肉食還算外行，不少廚師、餐廳老闆都缺乏最起碼的知識、判斷力、職業操守。出事的那家店果然是日本老闆請日本廚師經營的。

總之，不敢在自己家裡做也不敢想像其來源的食品，卻願意在外頭吃，箇中似乎有人格解離的問題。這用日本俗語叫做「二枚舌」，也就是一張嘴兩片舌。恐怕最早是佛教禁殺生造成的壓抑，後來因韓國人在日本的局外人地位產生了一種「肉食特區」，一旦唯利是圖的日本人進到市場來，原有的默契不被遵守，給廣大社會帶來麻煩。也許還是不如入鄉隨俗，在日本盡情吃魚，想嘗吃肉的口福了，就買張機票考慮考慮下一個假期去哪裡吃甚麼。

B級美味

【B級グルメ】

相對於高級外國菜而言的「B級美味」，包括各色各類的日本小吃。有蕎麥、丼等傳統小吃，也有拉麵、餃子、咖哩飯、炒麵等日本化的外國菜。

日本所謂的「B級グルメ（gourmet）（美味）」指的是算不上A級的美味。但是，對於A級的美味，日本人也從不稱之爲「A級グルメ（gourmet）」。正如，有些影片被稱爲「B級片」，可是世上也沒有「A級片」一樣，雖然倒有「C級片」或者「Z級片」的說法。

英文裡，「a gourmet」是個美食家，gourmet 也會是指「適合於美食家」的形容詞，例如「gourmet food（美味）」。在日本，一九八〇年代的泡沫經濟時期，就開始流行「gourmet」

一詞了。最初是按照英文用法，日文也有「某某人是十足的gourmet」等等說法。當年，大家爭先恐後去光顧的，首先是義大利菜館，然後有泰國、越南等的民族風味餐館。那些外國菜，在當時的東京算相當高級，價錢也挺貴的。好在經濟不停地膨脹，景氣極好，連年輕女職員都負擔得起星期五下班以後，跟同事一起去新開張的餐廳，享受一頓「gourmet food」晚餐。只是，那種場面，由老一輩大男人看來是很不順眼的。

據傳說，文藝春秋出版社的著名編輯里見眞三有一次聽到年輕女郎竟然說：「這樣的菜，只賣一萬日圓，好便宜啊。」他是一九三七年出生，在戰後的廢墟裡長大，屬於白手起家的一代日本人。年輕女郎的那句話，顯然撼動了老男人的牛脾氣，他隨後開始在雜誌上提倡「B級gourmet food」，並連續出版《Best of 拉麵》《Best of 蕎麥》《丼》《壽司》等等書籍。顯而易見，他是偏愛發祥於日本當地的小吃，對進餐禮節複雜的外國菜卻感到敵意。他那樣思想及生活態度都保守的男性知識分子，恐怕世界甚麼地方都有。里見眞三很難得的是，他作爲編輯能力突出，六十五歲去世之前留下的多本書裡，圖文並茂地記錄了各種日本小吃之奧妙以及箇中的淵深學問。比如說，二〇〇一年出版的《數寄屋橋次郎，握旬》一書，可以說是未曾有的東京壽司圖鑑。六年以後，法國米其林給了「數寄屋橋次郎」三顆星，證明了里見的眼光和味蕾。

一九九〇年代以後，隨著日本經濟低迷，「美味潮（グルメブーム gourmet boom）」開始退潮，在媒體上和庶民生活層面上，正統外來的「gourmet food」都逐漸給「B級美味」讓位了。相對於高級外國菜而言的「B級美味」，包括各色各類的日本小吃。有蕎麥、丼等傳統小吃，也有拉麵、餃子、咖哩飯、炒麵等日本化的外國菜。既然說「B級」價錢就非便宜不可，同時也需要有「上不了檯面」而引以爲榮的感覺。再說，跟「B級片」一樣，教少數人偏愛不已，或者感到無限鄉愁才行。總而言之，「B級美味」的語感有點像指美國黑人菜的soul food。

比方說，大阪的種種麵點，例如章魚燒、御好燒、蔥燒、烏賊燒等等，就給人以非常「B級」的感覺，因爲調味料用美乃滋啦、炸豬排醬料（香醋，トンカツソース tonkatsu sauce）啦、柴魚啦、青海苔啦、紅醋薑啦，可以說很自由，也可以說亂七八糟。不過，大阪畢竟是日本第二大城市，那些麵點也並不算太充滿異鄉情調。相比之下，廣島燒，即內含炒麵的御好燒，第一次出現於東京時，令人頗有意想不到的感覺，或者說「B級」得很呢。當神戶一家御好燒店開發的「麵飯（そばめし soba meshi）」出現時，我則簡直楞了。那是把香醋味炒麵和白米飯在鐵板上炒在一起的玩意，一經電視節目介紹，就在日本全國流行起來，一時連東京便利店都出售冷凍「麵飯」了。

二〇〇六年起，日本每年都舉行一次「B1錦標賽」（顯然是學F1的），是各地來的幾十個團體在戶外會場擺攤子，透過群眾投票決定冠軍的活動。二〇一一年竟有超過五十萬人參加了投票，第一屆、第二屆的冠軍都是靜岡縣的富士宮炒麵——香醋味炒麵上擱了乾魚粉。第三屆的冠軍則被神奈川縣厚木市的「白咕嚕荷爾蒙（シロコロホルモン siro-koro-horumon）」，即炭烤豬大腸奪去了。第四屆的冠軍是秋田縣的橫手炒麵，第六屆又是岡山縣的蒜山炒麵。可見，日本的「B級美味」越來越呈現著地方風味炒麵壟斷的趨勢。不過，還有各種烏龍麵、串燒、咖哩飯、漢堡等等也打著「當地才有」的旗子來參加比賽。果然「B1錦標賽」的主辦團體說：主要的目的是振興小地方經濟而吸引遊客，推銷食品是其次。

日文的維基百科全書有「B級グルメ」的網頁。點擊了旁邊「中文」，未料轉到「小吃」的網頁去了。沒有錯，上不了檯面，但是教人迷戀的地方小吃，在各地歷來有各種各樣的。像台灣的擔仔麵、北京的羊肉串等，稱起「B級美味」來也未必不合適吧。反之，想起來都覺得不可思議的是：里見眞三命名爲「B級美味」之前，日本小吃是沒有總稱的。不信，你查漢日詞典看吧。「小吃：在餐廳吃的簡便飯菜、輕食、當零食的食品之總稱。」多彆扭，多囉唆。

麻油啦！日本人對美乃滋的放肆

【マヨラー】

在美乃滋如此普及的情況下，才會出現マヨラー（mayola）一族。前邊的マヨ（mayo）來自mayonnaise，後邊的ラー（la）則是英文後綴er，即「～的人」。當然，mayonnaise是名詞而不是動詞，根本不可以加個er，即使勉強加了也只能成爲mayonnaiser。

「麻油啦」是錯別字，日本人說的「マヨラー（mayola）」是法文、英文的「mayonnaise」即「美乃滋」＝「蛋黃醬」派生出來的日製英語，跟芝麻是毫無因緣的。但是，我在這裡寫「麻油啦」也不無來歷。那是好久好久以前的一九八八年初春，我在多倫多大學英語中心上課的時候，有個香港女同學說的。

記得她當年十九歲，已經高中畢業，然而學習成績不夠好，未能上大學。也不奇怪，雖然在加拿大待過幾年，她的英文能力還挺有限的。跟她聊聊，我發覺，並不是腦袋差勁，只是沒學好中文以前就出洋留學，語言能力在母語和外語之間處於兩頭落空的狀況。可以說是小留學生的悲劇，結果呢，連很簡單的溝通都難以成立。

比如說，mayo，即北美英語對mayonnaise的簡稱。有一天，在課堂上分小組練習談話的時候，我講到前一天中午做三明治吃的始末，列出的材料中就有mayo。小組裡的幾個同學都輕鬆聽懂了我說的話，畢竟內容是家常便飯嘛。只有那個香港女孩子愁上眉端，顯出似懂非懂的樣子。於是我問她：「是mayo，你吃過吧？」忽然間，她眉開眼笑說了：「啊，mayo啦，很好吃的。在泡麵上放一點吃，真係好食。」我心裡想：她說的好像是麻油吧？

話歸正傳。自從一九九八年，日本出版的新詞詞典《現代用語的基礎知識》每年都收錄「マヨラー（mayola）」一詞，語義是：嗜好mayonnaise走火入魔，天天都非得大量攝取不可，吃甚麼都一定要沾著它吃的人。日本最有名的「マヨラー」是SMAP的香取慎吾，連續十年以上都擔任味之素公司Pure Select牌美乃滋的代言人，並且他的個人CD「慎吾媽媽的おはロック（Oha Rock）」之歌詞中重複地出現「マヨチュッチュ（mayo chu chu）」，即把美乃滋直接從塑料軟筒擠出來的擬聲詞。

蛋黃醬發祥於十八世紀法國，之後，很快就傳到英國等其他地方去了。在日本，キューピーKewpie（丘皮）公司一九二五年開始出售美乃滋。我小時候的一九六〇年代，街上肉店賣的通心粉沙拉和馬鈴薯沙拉，一定是用美乃滋調味的，並且獲得廣大庶民的支持。那是日本人的伙食生活迅速西化的年代，各家主婦看著電視、雜誌做綜合沙拉，就是把黃瓜、番茄等切小塊後，上面擠一點美乃滋做成。五花八門的沙拉醬（salad dressing）上市還是很多年以後的事情。同一時期普及的西洋蔬菜，如白花椰、青花菜等，在日本家庭最一般的吃法也是：煮熟後，上面擠一點美乃滋就上桌。小學、初中爲學生提供的午餐裡，都偶爾出現了「美乃滋燒魚排」，是太平洋某處釣上的大魚切成小塊後放在錫紙做的小盤子裡，表面塗上美乃滋，再擱了一點麵包粉和洋芫荽，最後在烤箱裡烤成金黃色。可以說，那是我當時吃到的食品當中，最充滿洋氣的一種。

日本人之所以動不動就擠出美乃滋來，是キューピー等本地公司的產品多爲軟筒裝的緣故。我在多倫多大學進修英文的日子裡，才第一次發覺：北美超市賣的美乃滋全是玻璃瓶裝而沒有塑料軟筒裝的。結果，北美人要用美乃滋，一定需要勺子或刀子等餐具，只能塗在麵包上做三明治吃，至多跟罐頭鮪魚拌一拌做成沙拉吃而已。反觀日本的美乃滋，跟歐美的味道差別不很大，卻由於容器之不同產生了不一樣的吃法。

凡是大膽的大阪人，在當地盛行的各種麵點如御好燒、章魚燒等上面，跟柴魚、青海苔、香醋（ソース sauce）一同，把美乃滋都擱上來吃，恐怕是日本人對美乃滋放肆的開始。名古屋人吃中華冷麵，也配起美乃滋來了。日本當地風味、中華料理都可以配美乃滋，西餐就更沒理由不可以配了。於是，麵包店做美乃滋麵包賣，披薩店也做美乃滋披薩賣。漢堡店則賣美乃滋蝦球包了。

儂特利（ロッテリア LOTTERIA）漢堡店一九七七年就出售蝦球包，然而最初用的是白醬（white sauce），一九九二年靈機一動改用美乃滋味塔塔醬以後馬上暴紅，從此日本全國出現了一股「蝦美（エビマヨ ebi-mayo）」潮流。蝦仁配美乃滋是發自法國的傳統搭配，蝦美包也可算是正統西餐了。誰料到，外賣壽司店居然引進它，出售蝦美捲而大暢銷。這麼一來，日本各地的高級中餐館也不甘寂寞，竟賣起美乃滋炒蝦仁了。如今在日本，除了青椒肉絲和麻婆豆腐以外，最有名的中餐菜式大概就是美乃滋炒蝦仁。

不過，中餐裡用美乃滋，估計台灣的沙拉筍該是先驅吧。第一次嘗到冰涼的筍塊上擠出美乃滋來的冷盤，我一時目瞪口呆了。既然日本人把筍子當刺身吃，就沒有理由不把筍子做成沙拉吃。但是擱上美乃滋？好有創意！台灣人做菜，會用日本調味料也會用西方調味料，使得台菜在中餐世界裡獨樹一幟。

講回日本。就是在美乃滋如此普及的情況下，才會出現マヨラー（mayola）一族。前邊的マヨ（mayo）來自mayonnaise，後邊的ラー（la）則是英文後綴er，即「～的人」。當然，mayonnaise是名詞而不是動詞，根本不可以加個er，即使勉強加了也只能成爲mayonnaiser。不過，二十世紀末的日本人造起マヨラー（mayola）一詞來，也有其特定的歷史背景。那就是一九九〇年代曾風靡一時的歌星安室奈美惠（アムロナミエ Amuro Namie）。她的打扮、髮型、化妝等對當年日本女性的影響非常大，社會上出現了許多模仿者，取自她姓氏，被號稱「アムラー（Amurer）」了。後來，凡是追隨某種流行的人，都被稱爲「某某ラー（la）」了。最近也聽到「ジンジャラー（gingala）（ginger+er）」，是隨時攜帶小筒裝的薑泥，在外頭吃甚麼都要擠出來享受刺激的人。

雖然直接從軟筒擠美乃滋那一級的マヨラー爲數不多，但是日本人普遍嗜好它則是不爭的事實。一個原因，我估計是傳統日本菜含有的油分太少，所以日本人尤其是年輕人一直渴望油分所致。媒體上活躍的各位烹調老師，也經常把美乃滋純粹當油用的。例如，擠一點加在餃子餡兒裡或麻婆豆腐的綜合醬裡，又或者做法式炒雞蛋也要加點美乃滋等，其實都主要利用著裡面的油分。

在日本人的日常生活中，不易得到滿足的某種慾望，很巧妙地由美乃滋來滿足，這一點似乎是不容置疑的。就因爲如此，香取愼吾打扮起家庭主婦來，模仿著兒童節目主播唱的歌裡，坦白出大家多年來不可告人的祕密（チュッチュ chu chu），才會受到大眾那麼熱烈的支持。

貳 【島國地圖】

「南蠻」是指台灣？

【南蠻 なんばん】【VIKING】

日語的「南蠻」一詞一貫具有洋氣、浪漫的印象，會在日本人心中喚起無限憧憬西洋文化的感覺。其實，我在葡萄牙里斯本也參觀過從日本運過去的，特別華麗的「Arte Nanban（南蠻美術）」「Biombo Nanban（南蠻屏風）」之展覽。

有一次在台北跟幾個朋友吃飯。席上有位日本通問我：「日本人為甚麼把自助餐叫做Viking料理呢？」人家在日本有親戚，果然對扶桑文化非常理解。日本人確實把自助餐叫做Viking的：飯店早餐是「朝食Viking」，中餐館的吃到飽是「中華Viking」，印度餐廳的則叫做「咖哩Viking」，韓國烤肉店的叫「燒肉Viking」，另外也有「壽司Viking」「螃蟹Viking」「居酒屋Viking」，甚至「甜品Viking」等等。

那天我給台北朋友們解釋說：「因爲瑞典有一種自助餐叫做Smorgasbord。在日本最初引進自助餐的是帝國飯店。他們學了瑞典的Smorgasbord。但是，在日本沒有人聽說過甚麼Smorgasbord，連對瑞典這國家都印象模糊。所以，乾脆就稱之爲Viking了，反正都是北歐的嘛。日本人也分不清瑞典和挪威。」

後來，我回國重新上網查資料，得知Viking這名稱另有典故。那是一九五八年的美國電影「The Vikings（海盜）」，乃寇克・道格拉斯主演的冒險片。當帝國飯店總經理犬丸徹三從北歐考察回日本，託大廚村上信夫研究西式自助餐，打算開家餐廳之際，飯店隔壁的日比谷映畫劇場正好上演著那部拍攝於挪威的影片。據說，片中有海盜聚餐的場面，給當時還吃不飽飯的日本觀眾留下了特別深刻的印象。最後由帝國飯店員工投票決定新餐廳名稱，最多人支持的就是「The Viking Restaurant」。

當時在全日本，帝國飯店是最高級的一家飯店。從那兒開始的自助餐Viking，在日本人的心目中一直擁有相當高級的形象。不像在有些國家「All You Can Eat（吃到飽）」代表窮人午餐，是以廉價提供大量低級食品的。其實在日語裡頭，也有個類似「吃到飽」的詞兒「食放題」；不過語感上就比Viking差多了。

日本Viking料理的老祖宗帝國飯店，至今在東京總店的最高層十七樓經營著自助餐廳The Imperial Viking Sal。「帝國海盜」這名字實在奇怪。只是，日本人已經司空見慣。如果改爲正常英語叫做The Imperial Buffet Sal，恐怕吸引力方面要大大受影響了。何況那裡週末晚餐的價錢是八千四百日圓（約合台幣三千元）一份。

也許最有趣的是，在日本，「Viking」一詞的語義，從原本的「海盜」變成了「自助餐」以後，最近又擴大到「自選拼湊」來了。於是有些大學推出「Viking課程」。這跟「北歐海盜」「吃到飽自助餐」都沒有關係，而意味著：大學方面開多種課，讓學生根據自己的喜愛去選修。學生的偏食不被譴責，營養夠不夠則是另外一回事了。

那天在台北，也有位大學教授問我：「日本人說『南蠻』（なんばん nanban）是指台灣的吧？」我一時目瞪口呆，眞沒想到會有這樣嚴重的誤解。我趕忙回答道：「不是，不是。日本人說的『南蠻』是指葡萄牙！」這回在座的台灣朋友們都目瞪口呆了。

沒有錯。十六、十七世紀的日本人把荷蘭人（有時包括英國人）叫做「紅毛人」，把葡萄牙人（有時包括西班牙人、義大利人）叫做「南蠻人」的。雖然他們是西方人，但是來自南歐，而且到日本的行程是從馬六甲海峽一直往北上來的。他們也往往從非洲莫三比克、印度果阿（Goa）等葡萄牙殖民地帶來了黑皮膚的僕人。總之，從日本南方過來的外國人，就叫做「南蠻人」了。

當年的葡萄牙商人、耶穌會傳教士，給日本傳播了許多之前聞所未聞的新鮮事物，比如說：火槍、玻璃、西餐。至今在日本首屈一指的伴手禮品「卡斯提拉（長崎蛋糕）」則源自葡萄牙語Pão de Castela，即卡斯蒂利亞（西班牙歷史上的一個王國）麵包。其他源自葡語的日本外來語，實在為數不少，例如：タバコ tabako（菸草，tabacco）、シャボン shabon（肥皂，sabao）、ボタン botan（鈕子，botao）等等。連聞名國際的日本菜式天麩羅（テンプラ tempura）也取自葡萄牙語tempero的。

難怪，當年很多日本人包括高階武士都熱中於「南蠻文化」了。著名武將織田信長就常跟耶穌會傳教士來往。他喜愛「南蠻」服裝，常穿戴天鵝絨外套、西洋帽子，甚至看上一位傳教士的黑人家僕（據說身高有六呎二吋，約一八八公分），把他接過來改名為「彌助」了。在當年日本「南蠻文化」風靡一時的程度，我們從「南蠻美術」（即日本畫家跟耶穌會傳教士學西洋畫法以後製造的，以「南蠻人」「南蠻風俗」為題材的繪畫作品）看得出來。神戶市立博物館，前身為神戶市立南蠻美術館，收藏著不少貴重作品。

因為有這樣的歷史，日語的「南蠻」一詞一貫具有洋氣、浪漫的印象，會在日本人心中喚起無限憧憬西洋文化的感覺。其實，我在葡萄牙里斯本也參觀過從日本運過去的，特別華麗的「Arte Nanban（南蠻美術）」「Biombo Nanban（南蠻屏風）」之展覽。顯然葡萄牙人都不以為「Nanban」一詞具有貶義。所以，當在台北遇到了一個人好像很為難似地提問道「日本人說『南蠻』是指台灣的吧？」之際，我衷心感到很驚訝。箇中的誤會是多重的。

而且在今天的日本，說起「南蠻」，最多人想起的是食物。也並不是葡萄牙等國家傳來的西餐，而是日本人發明的種種怪菜。

日本眾多餐館中，「南蠻」最集中的地方非蕎麥烏龍麵店莫屬。打開菜譜看一看，你會發現「鴨南蠻」「雞南蠻」「肉南蠻」「咖哩南蠻」等菜式。都屬於湯麵類，但是湯水經勾芡呈著黏糊糊、滑溜溜的狀態，也就是台灣蚵仔麵線那個樣子。至於為甚麼把勾芡的湯水叫做「南蠻」則不大清楚。有人說，凡是「南蠻」就應該有大量蔥段在內，因為大阪「難波」地區過去盛產大蔥。蕎麥烏龍麵店說的「南蠻（Nanban）」其實是「難波（Nanba）」的訛音。誰知道是眞的還是假的。

另一種「南蠻」以「鯵魚南蠻漬」爲代表，乃把油炸至脆的小魚或魚片，泡在酸甜辣調味料（醋、醬油、砂糖、麻油、蔥絲、辣椒粉）而製的。這種作法很像地中海一帶常見的escabeche，恐怕是往年葡萄牙人傳到日本來的地道南蠻菜。怪就怪於最近兩年在日本，全國各地都頗流行起所謂「Chicken南蠻」來。這道菜跟麵店的「雞南蠻」（用醬油和料酒調味的柴魚昆布湯加小雞塊後勾芡）又不一樣，該算是「南蠻漬」的發展型吧。據說發源於九州宮崎縣延岡市「洋食屋倫敦」，最初只是把炸好的雞腿肉泡在混合調味料裡而已，然而後來上面擱起塔塔醬（水煮雞蛋美奶滋）來了。本人至今不敢嘗一嘗，一聽就很B級的感覺嘛。可是，宮崎縣把「Chicken南蠻」當作「當地名產」而極力推出，竟然在延岡市舉辦了「Chicken南蠻發祥地宣言研討會」。最近在東京的便利店都有「Chicken南蠻便當」賣。

請放心，沒有日本人認爲：既然叫做「Chicken南蠻」該來自台灣。絕不會！

魚子醬與羅宋湯

【露西亞ロシア】

日文露西亞含有露字。所以，在我印象中，俄羅斯始終是潤濕而發亮的，正如俄國產的高級魚子醬。

米、佛、獨、豪。

你懂嗎？

美、法、德、澳。

怎麼這麼不一樣？

白是比利時。

伯是巴西。

比是菲律賓。

露是露西亞，即俄羅斯。

中式西餐羅宋湯的羅宋，我還以爲是菲律賓羅宋島的意思。羅宋湯在華人世界的發源地是上海。那麼，當初應該是某一個菲律賓人教給上海人的。他會不會是在租界酒吧演奏爵士樂的音樂家？這種湯有番茄味道，很像西餐。會不會是受了西班牙影響的？我越想越不對。羅宋其實是上海話俄羅斯的意思。羅宋湯就是Russian Soup。

一九一七年蘇聯十月革命以後，流亡到上海的俄羅斯人頗多。張愛玲的鋼琴老師也是白俄人吧。海派俄羅斯菜，上海淪陷以後則轉移到姐妹城市香港去了。曾爲王家衛電影「阿飛正傳」提供舞台的銅鑼灣皇后飯店充滿著老上海味道，果然是一九五二年從上海南下的廚師開的俄羅斯菜館。我去那裡特地點過基輔式牛油雞捲。中環的Jimmy's Kitchen更老，是一九二八年創始的老店。用餐後，我也買了那裡出版的英文菜譜。書中介紹的酸奶油煮牛肉絲（Beef Stroganoff），我至今常在家做。

在日本，供應羅宋湯的第一家店是位於東京新宿的中村屋麵包店餐廳部。烏克蘭盲人作家，魯迅的好朋友愛羅先珂（Vasily Eroshenko，一八九〇至一九五二），一九二〇年前後幾次寄宿於中村屋老闆娘相馬黑光（一八七六至一九五五）的家，給她傳授了幾樣俄羅斯菜。相馬黑光的國際文化沙龍一時頗有地位的。愛羅先珂離開日本前往中國後，爲了紀念他，黑光竟把餐廳夥計的制服都改爲俄羅斯式了。至今，中村屋仍經售俄式炸肉包、中式月餅、印度式咖哩等充滿國際主義味道的點心，算是黑光文化沙龍的遺風。

正如共產黨在大陸的勝利把俄羅斯菜轉移到香港去了，日本在中國的戰敗把俄羅斯菜傳播到日本來了。戰後從東北哈爾濱撤退的日本人，後來在日本各地開了俄羅斯餐廳。名歌手加藤登紀子一九四三年在哈爾濱出生，她父母親在新宿歌舞伎町經營的館子叫Sungari，就是松花江的俄語名稱，源自滿語。女兒登紀子唱俄羅斯歌曲〈一百萬朵玫瑰花〉很受歡迎，果然有歷史因緣。

我住所附近有家俄羅斯餐廳，是很多年在Sungari工作的廚師結婚以後獨立開的店。從哈爾濱回到日本的老闆傳授給日本弟子的俄羅斯菜，到底多麼地道我不敢保證，不過味道是滿不錯的，氣氛也挺好。然而，有個教俄語的朋友有次來我家，順路看見了那家餐廳的招牌，之後告訴我：店名的俄文拼錯了。地方風味離原地很遠很久以後，難免出現名不正言不順的狀況。

日文露西亞含有露字。所以，在我印象中，俄羅斯始終是潤濕而發亮的，正如俄國產的高級魚子醬。記得在香港文華飯店頂樓的酒吧，喝著伏特加吃過魚子醬，就是呈著黑夜的顏色，一粒一粒猶如野露一般發亮著的。

「在日」不等於日本人

【在日 ざいにち】

「在日」既不是日本人又不是韓國、朝鮮人。複雜的處境不僅折磨人而且迫使一部分人的思想額外深化，結果產生難得的藝術作品。

「在日」是「旅日」的意思，乃「在日外國人」的簡稱。「在日外國人」有美國人也有巴西人。不過，日本人說「在日」一般都指「在日韓國、朝鮮人」。所以，著名韓裔政治學家，東京大學教授姜尚中的自傳就叫做《在日》，寫的是作爲韓國移民第二代在九州熊本縣出生，少年時候曾不能接受自己的血統而用日本姓名生活，經過大學時期的自我探索以後恢復眞名、民族意識以及自尊心的過程。

「在日外國人」當中爲數最多的韓國、朝鮮人，連已入日本籍的韓裔人士都算在一起的話，則共達八十六萬之多了。其中，跟小時候的姜尙中一樣，隱瞞著眞實身分生活的人至今也可不少。日本社會對韓國社區的歧視，主要是從一九一〇年到四五年，日本曾統治朝鮮半島，當年的宗主國心態直到今天沒有消失所致。另外，日本戰敗後，一九四八年在濟州島發生的四三事件引起以萬爲計的島民偷渡到日本來，在大阪、東京等大城市邊緣區形成貧民窟，往往只好靠回收廢物維生，影響了日本社會對整體韓裔社區的形象。

在娛樂、體育界，雖然許多明星都有韓國血統，但是大部分人用日本姓名活動。比方說，電視綜藝節目的「大姐」和田現子、名歌星都春美等，大家都知道她們有韓國血統，但那算是「公開的祕密」，如果有人指出來，即被視爲故意進行誹謗了。實際上也有個電視評論員，因爲在節目裡講明了一個女星的韓國血統而成爲眾矢之的，馬上被撤職。這一點跟旅日華人的情形明顯不同。比方說，棒球界的王貞治一直公開保持著父系的國籍和姓氏，還獲得過日本政府頒發的「國民榮譽賞」。但是，跟王貞治同一時期活躍的金田正一、張本勳等韓裔球星，卻一直用著日本通名，隱姓埋名地過了一輩子。

大阪市立大學的朴一教授有本著作叫做《我們的英雄都是「在日」》，文中講述，自從二戰後在日本創始職業摔角的力道山，日本社會的許多英雄、明星都是韓裔人。主流社會的歧視與排斥教有志氣的韓裔年輕人選擇能純靠實力出頭的職業，於是日本娛樂、體育界的韓裔比率特別高。這一點恐怕跟台灣原住民的情形有共同點。不一樣的是，台灣的原住民藝人在阿妹走紅的一九九〇年代以後，很多都公開承認了自己的血統。反之，日本的韓裔明星直到今天他們還不敢從櫃子裡出來，因爲懼怕失去主流社會的支持。在日韓裔人感到的壓力是如此大的。

朴一的書也講到已故劇作家塚公平（つかこうへい）。他出身於九州的富裕家庭，名門慶應大學畢業，年紀輕輕就成爲話劇界明星而獲得種種獎賞，也跟一個接一個美女豔聞不停，可是作品中吐露的倒是特別強烈的劣等感所引發的極大痛楚。他留下的遺囑說：不要辦葬禮、告別式，希望把骨灰撒在日本和朝鮮半島中間的海面上。連各方面的條件都令人羨慕的塚公平，都被自己的血統和因而受到的歧視折磨到這個地步的。至於普通人，更不在話下了。

在日韓裔人，如今很多是第三代、第四代，許多都只會講日語，也失去了跟故鄉老家的關係。何況由於韓國和北朝鮮之間的政治對立，不少旅日人士根本不能回老家去的。正如塚公平的遺囑清楚地表明，「在日」既不是日本人又不是韓國、朝鮮人。複雜的處境不僅折磨人而且迫使一部分人的思想額外深化，結果產生難得的藝術作品。例如柳美里的小說，以及最近頗受歡迎的作家伊集院靜的種種作品。尤其是伊集院靜，在大地震以後的日本社會幾乎扮演著唯一能給年輕人講人生道理的「大人」角色，《大人的流儀》《作家的玩法》等書都滿暢銷。

二〇〇〇年代以後，日本也掀起韓流。新世代的男女明星都以韓國姓名出現在日本媒體上，並且大受歡迎。對於主流日本社會對韓國明星的熱愛，估計「在日」人士的感慨會不單純。不過，回想長久歷史，日本跟朝鮮半島有不淺的因緣，連明仁天皇都說過：因爲曾有個朝鮮出身的皇后，對韓國、朝鮮人很有親切感。即使是日本併呑韓國的年代，明仁天皇的爺爺大正天皇還學學韓語，跟李王朝的公子保持了兄弟一般的來往。

「在日」是可悲的名詞，因爲本來該跟在後面的「韓國、朝鮮人」顯然被省略掉了，猶如殖民統治時期的「半島人」或者「本島人」。正名來得眞不容易。

【關鍵名詞】

塚公平
つかこうへい

Tsuka Kouhei
本名金峰雄，曾就讀慶應大學哲學系。一九四八年生於福岡，二〇一〇年因癌症逝世，是日本著名的劇作家與小說家。重要的作品有：《熱海殺人事件》《蒲田行進曲》《原子彈在廣島爆炸之日》《幕末純情傳》《向女兒講述的祖國》。一九七四年，塚公平憑藉《熱海殺人事件》獲得「岸田國士戲劇獎」，成爲最年輕的獲獎者。一九八二年，他再次以劇本改編小說《蒲田行進曲》獲得直木賞。

（光文社文庫）

311之後，FUKUSHIMA

【福島 ふくしま】

正如沖繩未能迴避美軍基地，福島也未能迴避核電廠，是權力不平衡決定的。中央政權給偏僻的福島帶來了產業，但是最後污染了環境以及名聲，也永遠奪去了福島人的家鄉。

二〇一一年三月十一日以前，全世界很少有人知道福島這個地方。在日本，我們都當然聽說過福島縣，是全國四十三縣二府一都一道之一。我們也知道福島在本州東北地方的太平洋邊，那裡有豬苗代湖，是一千圓鈔票上印著肖像的野口英世（一八七六至一九二八，日本細菌學家，被日人視爲日本醫界英雄）之故鄉。但是，福島具體在哪裡，到底有甚麼樣的歷史，不僅南方九州居民或西邊大阪居民，連東京人都不大清楚，因爲東京人去東北觀光，都是去仙台、盛岡、青森。路上應該經過了福島，但是印象始終很模糊，所以震災、事故後聽電視新聞說福島縣濱通、中通等地名，覺得特別陌生。

直到核電廠出事以後，許多人才曉得，其實福島離東京只有二百五十公里，而且我們在首都用的電力原來很多都來自福島的。媒體上有人指出來，曾經常常聽說的，二十世紀初由於凍害和大蕭條給賣到東京花街柳巷來的女孩很多都是福島人。那種苦難的歷史現在說出來令人覺得很不體面，尤其是人家受災的時候提出來更不合適，所以很快又沒有人談了。不過，我們第一次意識到了福島向來是受苦的貧困鄉村，只是東京人裝作看不見而已。

然後，我們聽說，在西方媒體上，FUKUSHIMA（福島）已是家喻戶曉的地名了，正如HIROSHIMA（廣島）、NAGASAKI（長崎）、CHERNOBYL（車諾比）。日本出版社陸續上市有關福島的書，很多都用片假名寫福島這地名了。除了北海道原住民地區以外，日本地名都是用漢字表記的，以前用片假名寫的只有廣島和長崎，也只有強調原子彈造成的破壞時。可見，在日本人眼裡，福島也成了FUKUSHIMA（フクシマ），被打上了核污染的烙印。

在眾多有關福島的書本中，年輕社會學者開沼博寫的《「フクシマ」論——原子能村是爲何誕生的》受的評價最高，獲得了二〇一一年的每日出版文化賞。作者生長在福島縣，作爲東京大學研究生院的碩士論文題目，選擇了他家鄉接受了核電廠的來龍去脈，在二〇〇六年起進行的調查分析成果事故後緊急出版。學術論文不好懂，但是作者在前言裡就揭破「對於東京福島是國內殖民地」令人容易理解作者的觀點。正如沖繩未能迴避美軍基地，福島也未能迴避核電廠，是權力不平衡決定的。中央政權給偏僻的福島帶來了產業，但是最後污染了環境以及名聲，也永遠奪去了福島人的家鄉。只要想起我們曾怎麼樣看待車諾比，這是再明顯不過的，雖然野田首相年底就宣佈了核電廠事故已平息。

看著這本書，我最受震撼的是：一九七〇年代核電廠建設開始時，當地人看東京電力公司以及美國通用電氣公司職員之眼光是多麼充滿憧憬、崇拜的。那是因爲他們自美國、東京帶來了可口可樂、聖誕蛋糕、萬聖節烤肉、鋼筆等等前所未聞的外來文明。不僅當時而直到震災，東京電力公司爲女足隊建設的運動設施J-Village是當地社會生活的中心，因爲周遭沒有遊樂園、綜合商場之類。書中的「迴轉壽司原子力」「核饅頭」等招牌，現在看來似是惡搞，卻清楚地記錄著國內殖民地居民遭受的待遇。

斜視的世界

【ロンパリ】

人體好神祕，一個缺陷會被別的能力補充的，猶如盲人的聽力往往很敏銳一樣。我自己，雖然經常出現視界重疊的複視狀況，有時卻看到別人看不到的東西。

我看到的和別人看到的也許不一樣，從小就有這樣的感覺，因爲母親常常說我的眼神不對勁。「你怎麼老斜眼瞪著電視機？多不體面。」但我不是故意的，自己也不知道爲甚麼，想改也改不了。跟別人一樣從正面看電視機畫面吧，我的雙眼很難對準焦點的，容易出現視界重疊的現象。爲了對準焦點，要麼閉一隻眼，或者把頭側過來斜眼看電視機……

照著鏡子刷牙、梳頭時候，我的眼神是向前看的。可是，我一發呆，左眼就自動往外邊流動，視界也馬上重疊起來，整個世界都變得很模糊。「你這樣子叫做『倫巴黎』（ロンパリ），」母親告訴我。「一隻眼睛看著倫敦，另一隻眼睛則看著巴黎。」

「倫巴黎」是日本人指外斜視的俗語。好像是一九五〇年代流行起來的，到現在都被廣泛使用。不過，仔細想想，從日本看倫敦和巴黎，都是一個方向，往西。說「倫巴黎」的人應該站在英法海峽上。

斜視的人並不少見。有些人的症狀很明顯，如果是今天，恐怕小小年紀就被父母帶到醫院去做手術了。然而，四十年前，我的母親似乎沒想到斜視是醫療的對象。她只是重複地責問我道：「你怎麼老斜眼瞪著電視機呢？」教我覺得好冤枉。

我自己到了七、八歲，就開始懷疑「倫巴黎」會不會是醫學問題了。但是，在學校裡，每學期的視力檢查，是用一個黑色調羹般的東西遮蓋一隻眼，然後檢查另一隻眼。那樣子，永遠不會發現雙眼調整的困難。再說，我的視力本身也並不比別人差。所以，光看檢查出來的結果，一切都正常似的。儘管如此，曾有過一個班主任發覺我的眼睛好像有問題，寫個條子勸家長帶孩子去——不是眼科醫院，而是眼鏡店。

那年代的日本配鏡師看到小孩進來就認爲：不是從父母遺傳的近視眼就是看了太長時間電視導致的假性近視。於是他先讓我戴上眼鏡框，然後換來換去近視用的眼鏡片，要決定對我合適的深度。可是，換來換去，我都覺得不大有用。在配鏡師看來，既然來了客人，配個眼鏡才是。在母親看來，既然是學校勸告的，非配個眼鏡不可。因此配的近視眼鏡，跟牛奶瓶底一般厚。更糟糕的是，戴上了那眼鏡，我的「倫巴黎」並沒有改善，然而教母親花錢了，不能置之不理。

大學四年級去中國留學以後，我基本上離開了家。之後的很多年，我都沒戴眼鏡。可是，有斜視，生活上確實有麻煩。最大的問題是開車。因爲不善於同時用兩隻眼睛，判斷距離和幅度的能力都很差。在日本仙台當記者的日子裡，有一天在丁子路上開車，到了頭就要往左拐的。事先看右邊，沒看到別的車子，於是準備轉方向盤。誰料到，忽然間有輛計程車從右邊開過來，給我撞上了。到底是怎麼回事？是「倫巴黎」惹的禍，還是我的大腦有問題？總之，我後來再也不敢開車了。

另一方面，人體好神祕，一個缺陷會被別的能力補充的，猶如盲人的聽力往往很敏銳一樣。我自己，雖然經常出現視界重疊的複視狀況，有時卻看到別人看不到的東西。比方說，在視野邊角發生的事情，一般人是注意不到的；我則因爲本來就對不準焦點，邊角上發生的事情也一樣留下印象。這談不上是甚麼特殊能力，只是玩「威利在哪裡？（Where's Wally?）」時，很少有人能打贏我罷了。

過了三十歲，我從旅居地加拿大要搬到回歸中國前夕的香港，中途經過故鄉東京，逗留了三個禮拜。就是在那期間，跟一個老朋友約見，我去了新宿紀伊國屋書店大樓。因爲時間過早，先逛逛一樓通道兩邊的小商店。

「你雙眼很辛苦吧！」有人跟我說。原來，我站在一家眼鏡店外面，跟我說話的顯然是那家店的配鏡師。一看，我就發覺那個人的眼睛也跟我一樣「倫巴黎」，而且歪得比我還厲害。「你沒用過稜鏡片嗎？不妨試一試。」於是平生第一次戴上稜鏡片，我感到的衝擊，簡直跟親身體驗了奇蹟一般。好比有看不見的兩根指頭，從左右雙邊輕輕地壓著我的眼球，平時習慣性地往外流動的左眼球，現在則乖乖地和右眼球並排著呢。

再說，那天他檢眼用的工具也比我小時候進步了許多，很快查出來的結果是：「你右眼有近視，左眼則是遠視，兩邊都還有散光。恐怕是左右不平衡導致的斜視。我估計，你看遠處時候用左眼，看近處時候用右眼的。」也就是說，切換遠處和近處，左眼和右眼之間，會發生短暫的時差和自己都發覺不到的死角。那次在仙台撞了計程車的始末，我終於開始明白其所以然。

當時，我算是在旅途上，不大適合配眼鏡的。畢竟，稜眼鏡需要特殊加工，得等三個星期才完工。可是，我心想，若錯過了這機會，很難說下次何時何地再能碰到像他一樣能理解「倫巴黎」苦楚的配鏡師了。所以，我還是當場配個眼鏡，那天回家就告訴母親說了：「原來，我右眼是近視，左眼是遠視，恐怕是左右不平衡導致的斜視。幸虧，現在有稜眼鏡能解決我的問題了。麻煩你過三個星期去領貨給我寄到香港來。」

如果那天在新宿紀伊國屋書店大樓沒碰到魔術配鏡師的話，我後來寫作過日子肯定困難多了。而且他配得特別準，後來的十年多時間一直能用上。過了四十歲，很多人開始有老花眼。我自己，本來就有近視、遠視、散光，加上「倫巴黎」，到了中年自己的眼睛究竟處於甚麼狀況，連想都不敢去想像。可是，裸眼上街，原先能看到的路牌變得很模糊了。戴著稜眼鏡上課的時候，看著學生名單點名，卻有人舉手說：「老師，您忘了點我的名字。」不是忘記，是沒看到，恐怕他名字埋沒於我左眼和右眼之間的死角了。總之，需要配個新眼鏡了。

我天生屬於樂天派，毫不懷疑地相信：這些年來，世界的進步挺大的，日本眼科和眼鏡店的水平也一定跟我小時候不一樣了吧。反正，家裡有小孩需要照顧，去趟新宿嫌太遠，在家附近配配看吧。

然而，去家附近新開的眼科醫院，三十出頭的男醫生就是聽不進去我所說的「斜視」一詞。看著我雙眼，他重複地說：「很輕微的，不稱斜視，該稱斜位。」稱甚麼也好，我就是要他給我配個稜眼鏡。可是，「稜鏡？你不會需要的。現在年紀大了，需要的是讀書鏡。」總而言之，很難溝通。

於是，換到第二家，去了五十歲左右的女醫生開的眼科診所。很遺憾，她對我的雙眼也很不耐煩。「你裸眼上街看不清楚路牌，是因爲近視，需要配個近視眼鏡。」「但是我也有遠視、散光，還有斜視。現在年級大了，好像需要——」我還沒有講完，她已經開著處方宣佈：「我給你配一個近視眼鏡和一個遠視眼鏡。這樣你該滿意了。再見。」簡直是我來麻煩她似的。

然後，我在日本報紙上，看到一本新書叫做《視覺能恢復（英文原名：Fixing My Gaze: A Scientist's Journey Into Seeing in Three Dimensions）》。作者是美國的神經生物學者。她自己從小有嚴重的斜視，只能用一隻眼看東西，世界永遠平坦，然而中年以後經過訓練獲得了立體視的能力。我馬上買來這本書看，覺得好興奮。大家都說我的「倫巴黎」很輕微，可是立體視能力明顯比別人差，下樓梯時候非得抓住扶手不可，否則眞覺得「沒把握」，隨時都會跌下去。既然有美國人中年獲得了立體視能力，我在日本也不見得不可能接受類似的訓練吧？

當時由於東日本大地震，大學在停課，我趁機去較近的大醫院見眼科主任去。然而，六十多歲的大夫聽著我講「倫巴黎」啦、立體視能力啦、美國的神經生物學者等，馬上開始不耐煩起來，說：「你要我治老花眼啊。不可能！」「不是老花眼，是斜視，不能治也好，有沒有可能接受訓練？」「你有外斜視嘛。盡量用兩隻眼看自己的鼻子吧！」

後來，我找到了還不錯的配鏡師，幫我配了近距離和中距離兩用的稜眼鏡，挺管用的。於是我發現，至少在日本，「倫巴黎」的守護神不是眼科醫生而是配鏡師。他們會使連醫生都不會使的魔法：稜鏡片。

和製義大利語

【NAPOLITAN】

許多人去了義大利，發現那不勒斯其實沒有Spaghetti Napolitan。但是，那發現並沒有影響它在日本社會的地位。也許是行爲動物學所說的「銘印」都說不定，日本人就是認定Spaghetti 是以Napolitan爲標準的。

日本人喜歡吃的外國菜，第一名是中餐，第二名則是義大利菜，而正如日本中餐裡的大明星是「（日式）拉麵」一樣，東瀛最受歡迎的義大利菜也是日式義大利麵條。其中最早普及也最有名氣的品種就是Spaghetti Napolitan，即那不勒斯式義大利麵。只不過，「那不勒斯式」用義大利文寫來應該是Napoletano，若用英文也是Neapolitan。至於Napolitan，該說是「和製義大利語」了。

那不勒斯王國的歷史追溯

到古希臘時代。那不勒斯菜的歷史也一樣悠久。但是，英語說那不勒斯式醬（Neapolitan sauce），一般就指用番茄煮成的醬料，即番茄糊（Tomato sauce），雖然發祥於南美大陸的番茄到了十八世紀才被義大利人接受。

日本人愛吃的Spaghetti Napolitan也是番茄味道的。然而，用的不是正宗那不勒斯式番茄糊，而是從美國傳來的番茄醬（Tomato Ketchup）。也就是說，頭號日式義大利麵的故鄉不是那不勒斯，而是美國，具體而言，起源於太平洋戰爭結束後不久的一九四五年八月三十日，從菲律賓飛到日本來的道格拉斯・麥克阿瑟美軍元帥，最初下榻的橫濱Hotel New Grand。

那是家老資格的高級飯店，創業於一九二七年，曾經有許多名人，如演員卓別林逗留過。可是，二戰末期，日本經濟極其窘迫，食品供應也幾乎斷絕。據傳說，當麥帥投宿時，飯店廚房的冰箱裡只有鱈魚和鯨魚肉。於是，美國佔領軍只好把航空帶來的野戰食品發放出來，其中就有義大利麵條和番茄醬。如果在和平時期，相信美軍廚師也會打開番茄罐頭，泰然自若地跟碎蒜頭、碎洋蔥一起在橄欖油裡煮個片刻，然後把熱騰騰的那不勒斯式番茄糊倒在剛剛出鍋的麵條上供給元帥吃，也不會忘記擱點帕馬森乾酪。然而，那是個非常時期，他只好把本來配漢堡包、炸薯條吃的酸甜濃郁番茄醬，直接從HEINZ的瓶子裡倒入平鍋中，跟事先煮熟的麵條匆匆拌了一下就上桌。那是一種名副其實的野戰食品。然而，由面臨著餓死的戰敗國人民看來，它多麼充滿營養，多麼奢侈，多麼高級！後來，Hotel New Grand的廚房正式把它命名爲Spaghetti Napolitan，當美國佔領軍撤退以後，作爲高級西餐開始向日本消費者供應了。

Hotel New Grand畢竟是家高級飯店，很快就學會了正宗義大利菜的作法。所以，今天去那家飯店的西餐廳，所提供的Spaghetti Napolitan早已是用那不勒斯式番茄糊來做。可是，日本街上的許多「洋食屋」賣的，十年如一日都是番茄醬味道的義大利炒麵，一般含有洋蔥絲、青椒絲、洋菇片，以及火腿或香腸或培根。夥計端過來的時候，盤子邊也一定會放上卡夫（KRAFT）牌起司粉和塔巴斯科（TABASCO）辣椒醬的瓶子。否則客人會覺得這家店太小氣了。說實在，我這一代的日本人平生第一次嘗到了番茄醬、起司粉和辣椒醬，都是在「洋食屋」吃Spaghetti Napolitan的時候。

雖然二十世紀初期的日本已經有進口的義大利麵，但是價錢昂貴，遠遠輪不到老百姓的嘴巴來。戰後美軍佔領時期，多數日本人仍然挨著餓，Spaghetti Napolitan等西餐是只能憧憬的高級食品。到了一九五〇年代中期，美國開始向日本出口大量小麥，並透過媒體大力宣傳了吃麵食比起吃米飯在營養學上的優越性。果然，我小時候的一九六〇、七〇年代，公立小學和初中供應的午餐，主食一定是美國小麥粉做的麵包或者麵條，其中就有以魚肉香腸代替火腿的Spaghetti Napolitan。那整整九年的學校午餐中，竟然連一次都沒有出現過國產大米飯。那顯然是當年日本政府奉行美國大哥的意思去執行的國策。

一九五五年，兩家日本公司「Ma Ma Macaroni」和「Oh My」的國產義大利麵條前後上市，爲了推銷，在全國各地的食品店門口展開了試嘗會。公司派來的女性宣傳員，在電爐上放下平鍋，把事先煮熟的義大利麵條用番茄醬調味，再投入一點蔬菜、熟肉炒了一下，然後請購物客嘗味。那做法跟麥帥的廚師在Hotel New Grand匆匆弄的野戰食品一模一樣。就那樣子，曾經代表富裕美國的Spaghetti Napolitan終於進入了日本家庭。一九五九年，キューピーKewpie公司出售了罐裝的番茄肉醬，是弄熱以後可直接倒在義大利麵上吃的。從此日本人知道了Spaghetti是除了Napolitan以外，還有Spaghetti meat sauce的。

一九六五年，日本的番茄醬總產量是兩萬七千多噸；到了一九九〇年，則達到十一萬多噸，二十五年內翻了兩翻。那恰巧是日本的高度經濟成長期，番茄醬消費量跟GDP同步增長，美國的連鎖漢堡包店一家一家地開門所導致。日本人以爲番茄醬就是美國的味道，根本不曉得英文裡的Ketchup一詞其實充滿著異國情調：從英國傳到美國之前，這個詞原先指的是東南亞產的魚露，恐怕還追溯到閩南語的「鮭汁（ke-chiap）」！

一九八〇年代後期的泡沫經濟時代，日本很流行去國外旅遊。許多人去了義大利，發現那不勒斯其實沒有Spaghetti Napolitan。但是，那發現並沒有影響它在日本社會的地位。也許是行爲動物學所說的「銘印」都說不定，日本人就是認定Spaghetti是以Napolitan爲標準的。

從那年代起，另一種日式義大利麵條也開始流行了。那是以鱈魚子麵爲首的醬油味義大利麵條。東京澀谷有家麵館叫「壁穴」，老闆從一九五八年創業起就開發符合日本人口味的菜式，如：納豆麵、海膽麵、蛤蜊麵、明太子麵等等。吃「Ma Ma」或「Oh My」牌義大利麵長大的一代人，例如一九四九年出生的村上春樹，成年以後單身生活的日子裡，往往煮義大利麵當主食，乃歸功於美國大哥的灌輸。他們天天都把義大利麵當飯吃，所以需要有多個花樣，除了Napolitan和meat sauce以外，也開始弄各種醬油味義大利麵吃了。

今天，日本流行的義大利麵，除了上面提過的幾種，還有carbonara（雞蛋、培根、黑胡椒），peperoncino（辣椒）、pesto（香蒜醬）等等。無論在大城市還是在小鎮，街上多的是義大利麵館，而且如今任何一家便利店、超級市場都有賣好幾種的鋁袋裝醬料。我在網路上發現有個日本人著迷於鋁袋裝的義大利麵醬，不知不覺之間嘗過了超過七百種，每一種都是日本製造，其中大多爲正宗義大利菜式，只有約四分之一是日式的。

事到如今，Spaghetti Napolitan的市場佔有率逐漸低落。可是，當它開始消滅之際，就有人出來寫專書，或者開網頁標榜Napolitan啦啦隊。雖然一般的日本人都不知道Spaghetti Napolitan追溯到美軍野戰食品的來歷，但是番茄醬那酸甜濃郁的味道確實會刺激日本人的共同潛意識，也引導出來對一個時代的鄉愁。

任何兩地，都可以拉一條線連結

【南京玉簾 なんきんたますだれ】

當年日本人把外國人統稱爲唐人，而把眾唐人又分爲荷蘭（西方）和南京（中國）。所謂南京玉簾，其實就是「連南京都沒有的神奇簾子」的意思。

1

大陸的土豆是台灣的馬鈴薯。台灣的土豆是大陸的花生米。日本人把花生米（也就是台灣的土豆）叫做南京豆，是去了殼，但還帶著薄皮的。還在殼兒裡的，日本人叫落花生。薄皮都去了的，則稱之爲peanuts；凡是美國佔領軍帶來的東西，都直接用英語稱呼，如：butter peanuts（奶油花生米）、peanuts butter（花生醬）。

江戶時代（西元十七到十九

世紀，一六〇三至一八六七）的日本人，曾把中國稱爲南京。從中國進口的舶來品，尤其是小巧玲瓏的好東西，經常用南京一詞來形容了，如：南京豆、南京米、南京錠（鎖）。二十世紀初日本的童謠詩人金子美鈴，一九三〇年自盡之前，最後留下的筆記本題爲《南京玉》，乃琉璃珠的意思。她婚後被丈夫禁止寫作發表，於是把當時剛滿三歲的女兒說的話語一句一句地記錄下來，編成了自家詩集《南京玉》。由女詩人看來，從寶貝女兒嘴裡出來的話，好比是一顆又一顆的琉璃珠，就像把琉璃珠用線串起來就成爲漂亮的項鍊一樣，一句又一句的兒語串起來亦成爲可愛的詩集。

南京燒（中國陶瓷）、南京糖（中國糖果）、南京船（中國船）等等，從江戶時代到昭和初年（一九二〇年代）的日文詞彙裡，有許許多多名詞都冠著南京的地名。連中國來的人都被稱爲南京先生（なんきんさん Nankin-san）了。記得一九一一年出生的姥姥曾告訴我，第二次世界大戰以前，在她居住的東京東部小鎮，有個南京先生開的理髮店。「他不僅剪頭髮，還掏耳朵呢，眞是舒服極了。那種手藝嘛，日本理髮師從來沒有的。所以，男女老小都排隊請南京先生掏耳朵去了。」

一九二八年，野口雨情作詩，中山晉平作曲的〈南京言葉（南京話）〉發表，收錄於一九三〇年出版的《日本童謠曲集》。野口雨情是日本三大童謠詩人之一，其他兩位則是北原白秋和西條八十。〈南京言葉〉道：南南南南，南京先生，南京先生的話兒是南京話，啪啪啪啪噼噼噼，噼噼呀噼噼，噼噼啪。這首童謠表達的，主要是小孩子對外國人很淳樸的好奇心，並沒有蔑視。

然而，一九三一年發生九一八事變，之後長達十四年的侵華戰爭使得兩國民眾之間的和平交流無法繼續，從日語裡也消失了南京先生、南京玉等可愛的詞。今天，仍冠著南京這一地名的日文名詞，好像只有南京豆和南京町（唐人街），以及在日本已幾乎絕滅了的南京蟲（床蝨）。一九二一年作為大阪每日新聞社特派員去中國旅遊了五個月的芥川龍之介，回國後發表的《上海遊記》裡寫：在上海天蟾舞台坐藤椅鑒賞京劇，結果被南京蟲咬得好癢。那可是整整九十年前的事了，我兩年半以前去同一家戲院看京劇，如今乾淨得很呢，雖然隔壁書店不知為何很破舊，那天從天花板漏著雨水。

對了，今天的日本，還有南京玉簾（なんきんたますだれ Nankintamasudare）。

2

南京玉簾是日本傳統曲藝的一種，卻不像落語（相聲）、講談（評書）那樣在劇場裡表演的，而向來屬於專門在戶外演出的「大道藝」（街頭藝術）。據說，江戶時代，來自越中國（現富山縣）的藥商，到了京都、大阪、江戶等大城市，在河邊橋頭廣場找個地方，先表演此類曲藝來吸引行人，然後販賣商品。也就是說，南京玉簾最初是十七、十八世紀日本藥商爲了推銷而演出的廣告節目。

所謂南京玉簾，其實是用細竹編成的簾子，標準長度爲一尺（三十三公分），因爲部分結釦會活動，整個簾子能變形。表演者以獨特的調子說唱著，耍竹簾顯示出各種形象給觀眾看。流傳到今天的歌詞如下：

那麼，那麼，那麼那麼那麼那麼，那麼呢，南京玉簾子。稍微伸長，稍微伸長，看似浦島太郎（日本傳統童話人物）的魚竿了。稍翻過來，稍翻過來，又像瀨田唐橋（日本三名橋之一）了，只差唐金寶裝飾，懇請各位多見諒。那麼，那麼，那麼那麼那麼那麼，那麼呢，南京玉簾子。稍微伸長，再翻過來，就像老家牌樓了，稍動一下，稍動一下，又會變成燒炭屋，看見沒？那麼，那麼，那麼那麼那麼那麼，那麼呢，南京玉簾子。東海道有五十三站，中山道有六十九站，每個驛站不能沒有蕎麥麵館的招牌了——。

諸如此類，看來普通的竹簾子一會兒變形爲日本人端午節時候打的鯉魚旗啦、阿彌陀如來像啦、武士戴的頭盔啦、陰曆十五的圓月啦、紡車啦。新派節目也包括東京塔啦、日美兩國國旗等等。

直到今天，每逢元旦假期等吉祥日子，日本各地的寺廟境內，經常能看到穿著用銀絲金絲織成的搶眼古代服裝的街頭藝人，戶外演出著南京玉簾，被來拜年的善男信女圍上的場面。筆者居住的東京西郊國立市，就有歷史追溯到西元十世紀初的谷保天滿宮，每年一月初的幾天，都在紀念平安時代文章博士菅原道眞的梅林裡，有個老先生演出南京玉簾。

這都是日本有全國性組織南京玉簾協會，極力普及這種傳統曲藝的緣故。該協會的活動包括：出售戲裝、道具、光碟教材，募集各地演出的參加者，舉辦講習會，舉行全國比賽（個人賽和團體賽）等。據協會網站統計，目前日本共有七十九所南京玉簾教室。二〇一〇年，協會的五十五名會員赴上海參加世博會場演出，也赴夏威夷參加了檀香山文化節。

3

那麼，那麼，那麼那麼那麼那麼，那麼呢，南京玉簾子，它到底跟中國的南京有沒有關係？表演用的竹簾之所以被稱爲南京玉簾，是因爲早期的開場白中有這麼一句話：「最近，在京都、大阪、江戶三城都頗爲流行，唐人、荷蘭、南京無雙的玉簾子，乃三十六根細竹和七十二個結釦展現出來的神通自在表演也。」可見，當年日本人把外國人統稱爲唐人，而把眾唐人又分爲荷蘭（西方）和南京（中國）。所謂南京玉簾，其實就是「連南京都沒有的神奇簾子」的意思。

儘管如此，凡是日本的傳統文化活動，都多多少少受著古代中國的影響，南京玉簾也並不例外。根據日本南京玉簾協會，此類曲藝的公認發祥地爲富山縣五箇山地區，具體而言是礪波郡平村上梨白山宮。五箇山鄰接岐阜縣白川鄉，以傳統建築合掌造聞名國際，因此這一帶的聚落一九九五年被選爲世界文化遺產了。

協會認爲，南京玉簾的原型是，演唱五箇山民謠「築子節」（亦寫成「小切子節」，日語均念成こきりこぶしkokiriko-bushi）時候用的傳統樂器「簓」（亦稱「編木」）。簓是古代從中國傳過來的拍板在日本發展成獨特樣式的打擊樂器，是由一〇八張小竹片（或者木板）的一端用線連接成刷子狀，然後在前後兩邊加了把手的樂器。在五箇山地區，簓除了用來當樂器以外，還當作辟邪物。總之，用雙手扭著搖動起來，一〇八張竹片產生多米諾骨牌般的效果，發出來的節奏和聲音都比普通響板複雜許多，而且整體大小和形狀，確實都跟南京玉簾頗相似。

有關簓，最早的史料出現於西元七世紀，後來主要在「田樂」，即祈禱稻米豐收、子孫繁榮的民間活動中使用。田樂的歌舞節目相當豐富多彩，有穿著華麗戲裝吹笛子、打腰鼓、耍簓、踩高蹺等。顯然跟中國的秧歌，無論在意義上還是在形式上，都有不少共同點。日本另一處世界文化遺產，位於和歌山縣的熊野那智大社，至今每年七月例行的賽會「扇祭」（亦稱「那智火祭」），就有個環節是給神仙奉獻田樂的。專家指出，那智田樂是全日本保留著原始風格最完整的田樂。由簓手四名，腰鼓手四名，童子兩名，共十個人隨著龍笛的旋律跳的舞蹈，據傳說是十五世紀初來自京都的田樂法師傳授給當地人的。

古老的田樂照舊原樣流傳到今日的例子並不很多，因爲歷史上，它一方面發展成了在舞台上演出的能樂，另一方面則發展成了盂蘭盆節晚上民眾在戶外集體跳的「盆踊」。在日本各地的神社廟會，盆踊等場合，至今還偶爾出現拿著簓唱歌或跳舞的節目。雖然當事人往往不自覺，但是他們其實繼承著田樂的傳統。東京非常著名的淺草神社，每年夏天舉辦的三社祭，也有爲祈禱五穀豐收，跳「簓舞」的習俗。

另外，日本便利店的收銀機邊，常常擺放著方鍋賣的小吃關東煮或者黑輪（日語讀做おでん oden，漢字是「阿田」），其名就取自田樂（日語念でんがく den-gaku），因爲把豆腐、蒟蒻等材料串在竹籤上的樣子看起來很像田樂裡的踩高蹺。可見，田樂的傳統在日本的民間文化中，一直到今天都發揮著根深柢固的影響力。

4

靠近日本海的富山縣，離中國大陸是一衣帶水之地，自古直接受著華夏文明的薰陶，有關中藥的知識也較早傳播到。據歷史記載，當地十六世紀已經有中藥商的同業公會就叫做「唐人之座」。不僅如此，現在的富山市一帶，當年有座小出城，乃姓唐人名兵庫的武士奠基的。姓唐人的，似乎無疑是來自中國大陸的家族。

果然，富山產藥品特別有效。一六九〇年，江戶城裡有位大名（諸侯）鬧急性腹痛，正好有富山藩主前田正甫也在座，給他吃了故鄉特產返魂丹，結果一下子醫治好了。從此，富山藥席捲了全日本。物流未發達的當年，俗稱爲「賣藥先生（ばいやくさん baiyaku-san）」的富山藥商是徒步到全國各地行商去的。他們擴大客戶的方法是所謂「先用後利（先用藥後收錢）」，乃裝了一套常用藥的急救箱放在顧客家，然後每半年去收款並補充已用完的藥品。這種行銷方式叫做「越中富山之置藥」，不僅在日本一直持續到了二十一世紀，也曾經賣到殖民統治下的台灣，而且最近還介紹到蒙古、泰國等國家去了。

富山縣在日本藥品業界歷來享有很高的地位。該縣人口才一百多萬，連日本總人口的百分之一都不到，然而縣裡共三千零四十家製藥公司生產的藥品總額，倒是全國四十七個都道府縣當中的第二名。而且當地有日本唯一的中醫藥研究所：國立富山大學和漢醫藥學綜合研究所。可以說，中藥傳統在富山縣綿綿連續到今天。

所以，雖說南京玉簾跟中國南京並沒有直接的關係，但是箇中的因緣還是滿深遠的。也許可以說，在地球上存在的任何兩個東西之間，都可以拉起一條線。例如，富山縣五箇山民謠築子節和自盡之前留下了私家詩集《南京玉》的金子美鈴之間。

在日本，築子節是初中音樂教科書都揭載的著名民謠，有人更稱之爲日本最古老的民謠。不過，民謠其實是十九世紀末，民俗學者把德語Volkslied以及英語folk song翻譯成日語而做的新詞。雖然有些歌曲的歷史確實很悠久，但也有部分民謠是一九三〇年代，之前以童謠聞名的中山晉平、藤井清水、野口雨情、西條八十等人創作的。根據五箇山村政府的網站，筑子節源自古代田樂，然而到了二十世紀初，已經甚少有人唱，一度面臨了失傳危機。那個時候，具體而言是一九三〇年，名詩人西條八十來到五箇山，說要采風當地老歌。就那樣，筑子節不僅復活起來，而且後來在日本全國都出了名。

一九三〇年，在日本近代史上，是「大正摩登」「大正德謨克拉西（Democracy）」的社會風氣消滅，即將進入軍國主義時期的轉折點。一九二〇年代曾寫新詩，創辦《童謠》雜誌，成爲金子美鈴之偶像兼導師的西條八十，也到了三〇年就停止寫充滿自由主義精神的作品，從此改寫新民謠、流行歌曲，甚至軍歌了。那一年美鈴自盡，顯然有特定的時代背景。芥川龍之介早三年已經先走了。

一九二九年作品〈東京進行曲〉是西條八十的流行歌曲代表作之一。第四段開頭的歌詞充滿著小資情調：「看電影嗎？喝茶嗎？還是乘小田急私奔去？」然而，初稿階段的內容風格則不同：「留長髮的馬克思少年，今天又帶紅色戀。」詞中的「紅色戀」指的，不外是俄國的女性共產主義者柯倫泰（Alexandra Kollontai，一八七二至一九五二）寫的小說，以標榜性解放聞名的《赤戀》。當時日本警方對左派分子的取締已經非常嚴，西條被要求改寫歌詞的。軍國主義風氣日趨瀰漫於日本社會，連流行歌曲都無法自由創作了。於是一九三〇年代初的西條八十，一時埋頭寫了多首新民謠。其中有至今在日本各地的盆踊上一定聽得到的〈東京音頭〉（一九三三年）。

西條出生的時候，給他取名的父親希望兒子一輩子都不必吃苦。所以，他名字裡沒有跟「苦」諧音的「九」，卻只有「八」和「十」。果然，西條八十特別懂得迴避苦頭，似乎自然而然地隨著時代風氣而改變自己。七七事變以後，他就寫〈支那之夜〉（一九三八年）、〈蘇州夜曲〉（一九四〇年）等「大陸歌謠」，以及日本最有名的軍歌〈同期之櫻〉的原作〈戰友之唄（二輪之櫻）〉（一九三八年）。那個時候，南京這地名在日本人腦海裡喚起的影像，恐怕也跟早幾年很不一樣了。

二十一世紀的今天，日語詞彙裡找不到可愛的南京玉、南京先生，但是至少還有南京豆和追溯到江戶時代的南京玉簾。而只要仔細一點地去探討它的歷史，我們也能夠發現：從中國傳過來的中藥，由富山「賣藥先生」行銷到日本各地去；在江戶等大都會推銷之際，他們把古老田樂使用的打擊樂器簓改造成細竹做的南京玉簾，藉其異國情調和鄉土氣息，吸引了城市居民。只可惜，如今在日本甚少有人知道這些往事。

【關鍵名詞】

西條八十

さいじょう やそ

一八九二年生於東京，卒於一九七〇年，早稻田大學英文系畢業。詩人，作詞者。他是日本詩壇的象徵主義詩人，曾與日夏耿之介、原朔太朗、佐藤春夫等組成大正詩壇上的藝術詩派。在兒童文藝誌《赤鳥》發表多篇童謠，與北原白秋並稱大正時期代表性的童謠詩人。重要作品有詩歌〈我的帽子〉、歌詞〈蘇州夜曲〉，與《西條八十詩集》等書。

（ハルキ文庫）

參【男男女女】

1〜4番出口は反
乃木神社は反対
神社は反対側
方面の出口

社會自由化時代

【就活 しゅうかつ】
【婚活 こんかつ】
【終活 しゅうかつ】

如今的世界凡事要自由化，島國人民也唯唯諾諾趕潮流，但是「就活」中的大學生往往感到絕望，「婚活」中的年輕人則充滿焦慮，至於「終活」中的老年人個個都像爲廣大社會犧牲小我的殉教者。

日本的大學生，一年級同學和三年級同學有完全不同的外表。剛剛入學的新生，終於擺脫了多年來的升學壓力，忽然擁有一輩子最高的自由度，非好好享受不可，於是紛紛去澀谷、原宿買時裝，也去流行美容院弄頭髮，要表現出與眾不同的個性來，人人都像是娛樂圈新人的樣子。然而，過兩年上了三年級，大家都染回黑頭髮，個個都穿上黑色西服套裝，也帶著黑色公事包。「難道已經上班了？」「不是啊。在『就活』！」

「就活」（しゅうかつ shukatsu）是「就職活動」的簡稱。日本的大學生，一般來說三年級的下半年就開始搞「就活」的。首先在網路上尋找合意的公司，然後登記參加「採用說明會」，跟著是學力測驗了，唯獨通過了筆試的人才被邀請來面談，也不只是一次兩次，往往得通過好幾層的面談以後方能得到一份工作。整個過程最短也需要半年，有時要持續一年半或更長時間。假使中途遭到了拒絕，又得從頭開始了。

這個雙六棋盤，到底甚麼時候能「和」，除了靠個人能力和運氣之外，還得靠經濟景氣等外在因素。遇上了蕭條，連最優秀的學生都很難達到面談階段。好不容易贏得了面談機會，絕不想由於外表不佳而被嫌棄，於是大家都穿上最標準的「就活套裝」，帶上最正派的「就活包」。結果，每人都顯得一模一樣，根本沒個性可說。新生時期對個性的熱烈追求究竟丟到哪裡去了？

最初網路上登記的時候，要交出電子entry sheet（登記單），如果寫得不好，連參加「採用說明會」的權利都得不到的。有些人寫了幾十次都沒有結果。因而出現了「就活補習班」，教教大學生怎麼寫有魅力的登記單。當然是收費的，搞不好還會騙錢的。

以前，日本大學生是上了四年級以後慢慢開始找工作的。直到一九九〇年左右，大學生在同齡人口中佔的比率相對少，日本的經濟景氣又長期不差。爲數不多的精英分子在景氣好的社會裡找份工作，成功率自然會很高。可是，現在，超過一半的高中畢業生都上大學，使得學士文憑失去了「物以稀爲貴」的價值。同時，日本經濟一直面對著困難。換句話說，人才供應越來越多，人才需求倒越來越少。難怪，今天的大學生要早早開始找工作。

當年跟現在，還有個很大的區別是網路的存在。從前的大學生到了就職的季節，先去大學「就職科」問問有甚麼樣的招聘啓事，然後要麼直接去參加「採用說明會」，或者打電話給公司人事科約見。也有學生獲得導師的推薦，直接「保送」到特定的公司任職了。那些就職途徑，都是通過人對人的溝通，互相瞭解，彼此下結論的。反過來看今天的「就活」，同學們大部分時間都孤獨地坐在家裡的電腦前耗費心神，最後往往單方面地遭拒絕。雖然網路帶來了許多便利，但是結果產生的孤獨感也會非常難堪的。

家庭社會學家山田昌弘一九九九年發表《單身寄生蟲的時代》一書而出名，二〇〇六年又以「格差（落差）社會」一詞獲得了日本流行語大賞。他對社會生活觀察及分析之敏銳，可以說是有目共睹的。二〇〇八年，山田跟記者白河桃子共同出版了《「婚活」（時代》。

文中他說，正如這些年的大學生非得搞「就活」才能找到工作一樣，今天的日本年輕人除非搞搞「婚活」（こんかつ konkatsu）恐怕一輩子都不能結婚。

山田的論說很有說服力。他說，「就活」和「婚活」其實是同一項變化必然帶來的後果。那變化就是社會的自由化。從前的日本人很不自由：大多數人中學畢業以後，自動繼承了父親的職業。大學生也基本上按照導師或前輩的意思去就職了。當年很少有人自由選擇了職業，但是也很少有人找不到工作。至於女性，曾經更沒有選擇職業的自由，只好唯唯諾諾聽從父母之命嫁人了。可同時，那年代也甚少有女性找不到對象，廣大社會亦沒有少子化問題，都是因爲沒有選擇。當年，日本男性都不必自己去追對象，因爲總會有親戚、上司、鄰居來提親的，不管多麼被動內向的男性也娶得到太太。

今天大學生找工作難，一般都說是升學率提高、經濟不景氣所致。山田指出：還有個因素就是兩性平等，女性都上大學，出社會工作了。以前是少數男性跟少數男性競爭，現在是多數男女跟多數男女競爭。找一份工作，自然難多了。

他也說：少子化的原因是非婚化，今後大約四分之一的日本人一輩子都不結婚了。這非婚化又是戀愛自由化導致的。直到一九八〇年代，社會共識是：戀愛應該以結婚爲前提，否則不道德。現在，兩個大人談戀愛，誰也管不著。可以不結婚就不結婚的結果，越來越少有人要結婚了。同時，有工作的女性，經濟上能維持自己的生活，對婚姻沒有緊迫的必要。

因爲可要可不要，她們對男性的要求越來越高了。具體而言，日本女性要求男方的收入比自己多出一倍才肯結婚。她們說：「要不然，爲了生育辭職時，不可能保持跟婚前同一水準的人均收入嘛。」可是，收入那麼高的男人，在同一個年齡階段裡連百分之五都不到，而那些鑽石王老五早就給別人搶走了，沒剩下呢。

山田昌弘造新詞「婚活」，要強調的是：以前社會規矩多，結果大家自然能夠結婚；現在社會自由化了，結果非得主動想辦法才能結婚。「婚活」的主要內容則是調整對婚姻的觀念。社會變化了，觀念也非改變不可。自由化社會裡不會有白馬王子來接你，也沒有大和撫子（傳統溫柔文靜日本女性的代稱）等著你。如何相愛，怎樣生活，想想這些問題，找出答案，並且身體力行，就是「婚活」。眞不容易。

日本社會沒有了規矩的結果，非做不可的其實不僅是「就活」和「婚活」，如今還有「終活」（しゅうかつ Shukatsu）了。「終活」跟「就活」諧音，指的是：生前爲自己準備好後事。從前的日本，無論誰去世，都有一套默契大家遵守去辦白事。具體而言，是連絡殯儀業者來醫院，用靈車把遺體運回住家，在和式房間裡擺設靈堂，請和尚來念經，並由家人親戚守夜。第二天或第三天下午舉行葬禮，然後把遺體運到火葬場，家人親戚把骨灰帶回住家，請和尚爲死者取個法名。問題是第二次世界大戰以後的日本人，越來越失去宗教信仰。平時不拜佛也不拜神，到了家裡有人去世才臨時抱佛腳，不僅自己都覺得沒道理，而且嫌付給和尚的酬金太貴。

進入二十一世紀後，社會結構都跟從前不同；很多人過了八十歲才往生，這時離他們從職業崗位退下來有將近二十年。許多老同事、老知己要麼已經不在了，或者年紀太大不方便前來燒香了。再說，高齡化和少子化的結果，多數老人獨自生活，分居的孩子們對高齡父母的朋友關係不太能掌握。加上，都市化導致了街坊組織面臨崩潰，從前一有白事就自動來幫忙的鄰居們，如今個個都關在公寓鐵門裡面，平時也很少有來往，有時連名字都不知道的，舉行傳統形式的葬禮談何容易。

那怎麼辦？日本越來越流行的「直葬」，其實就是取消葬禮，把遺體從醫院直接運到火葬場去的，省掉宗教典禮，也省掉社會儀式。一個人從人間消失了，除了幾個家族親戚以外，誰也不會知道。不請和尚，不需要法名，遺族能省掉費用。但是墓碑呢？買一塊墓地花費很高，而且少子化時代不一定一直會有後代來掃墓。還是可省就省爲好。如今有的是公司經辦「散骨（海葬）」或「樹葬（把骨灰埋在山地，上面種一棵樹作爲紀念）」呢。

所謂「終活」實際上就是事先表明：謝絕葬禮、謝絕送殯。同時留下有法律效力的遺囑來指示如何分配或處理遺產和遺物。全球化的二十一世紀，在日本常聽到的口號是：自我責任。政府應該越來越小，福利也應該越來越少，能自己解決的，千萬不要給別人或公家添麻煩。死後更不要期待別人給你辦白喜事了。

雖然有人說，「終活」也可以是生前舉行一次派對，在歡樂的氣氛中向朋友家人道謝告別，可是卻只有少數名人才舉辦過「生前葬禮」。因爲普通人不好意思讓別人爲自己花錢花時間，普通人也心底下希望能參加傳統形式的葬禮。原來，傳統葬禮有「終活」的因素，讓人直接向故人告別，同時也讓人爲自己生命之終結慢慢做心理準備。今天流行的「終活」，表面上看來替別人省麻煩，實際上倒剝奪了他們爲故人悼念並體會人壽有限的機會。

強調個人責任的美國式自由主義，背後有新大陸人民爲自己的理想，親手開拓荒野生存下來的歷史。日本則是古老的島國，居民一貫以和爲貴，互相依賴彼此妥協生活過來的。如今的世界凡事要自由化，島國人民也唯唯諾諾趕潮流，但是「就活」中的大學生往往感到絕望，「婚活」中的年輕人則充滿焦慮，至於「終活」中的老年人個個都像爲廣大社會犧牲小我的殉教者。

兩性的無性化

【草食系そうしょくけい】

【肉食系にくしょくけい】

「草食系男子」的增加並不意味著兩性的中性化，而意味著兩性的無性化。如今的日本年輕人不分男女都以「草食系」爲主，對戀愛、性生活不大有興趣，寧願回家跟媽媽、姐姐一起吃甜品。

曾經以玉女寫眞爲最大賣點的日本週刊雜誌，最近紛紛推出「中高年性愛」專輯，令人有三十年河東、三十年河西的感慨。所謂「中高年」指的是五、六十歲以上的男女。這一代日本人到了可以抱孫子的年齡還對房事興致勃勃，跟「草食系」佔多數的年輕一代人呈現非常明顯的對比。

「草食系」是二〇〇〇年代中期市場調查專家最初提出的概念，乃消費行爲女性化的年輕男性。他們與其跟上司、同事出去喝酒，寧願回家跟母親、姐姐一起吃甜品。後來，大阪府立大學森岡正博教授出版了《草食男的純愛手記》（商周出版）、《草食系男子帶來最後的戀》兩本書，文中指出：草食系的本質在於性情溫柔、不愛競爭、對性愛關係不很積極。一九五八年出生的哲學家森岡教授本人就屬於草食系，所以頗能理解年輕一代草食系男子的處境，樂於提出建議幫他們得到幸福的生活。

日本人跟其他國家人民相比，歷來較少吃肉，反之多吃海鮮、蔬菜、豆類、糧食。當面對以肉類爲主的西餐，或者油分偏高的中餐之際，多數日本人本能地感到威脅，因爲人家的伙食好比是肉食動物的，自己的倒像是草食動物的。猶如獅子和斑馬，還沒有相鬥起來，勝負已決了。再說，日本人也習慣性地從伙食內容出發往性愛能力方面去推論：吃西餐、中餐的人種，在床上也應該發揮出肉食動物的本事來吧？也就是說，在日本，「肉食」和「草食」向來是性慾或性愛能力強弱的暗喻。

有趣的是，當日本人在這方面特別缺乏自信的二十世紀後葉，在外國人心目中的日本人形象，倒是非常好色的民族。這矛盾是怎麼來的呢？日本人深知自己的身體差、攝取卡路里低、體力差、床上表現也一定差，對異性的吸引力絕對大不如外國人。這種劣等感使得日本人在性生活方面很壓抑，無法健康地享受感官的樂趣，反而導致社會上氾濫性變態，讓外國人更加確信日本人是全世界最好色的民族。

可是，性變態只能在性交易場所派上用場，跟家庭生活無法並立，尤其是夫妻地位平等起來以後。於是，早在一九九〇年代，日本已出現了不少「無性愛夫妻」。他們最初是男女同學或者同事，從朋友關係發展成夫妻的，蜜月時期還有過一些親密接觸，可是沒多少時間，又回到跟原來一樣的朋友關係了。這回只是多了爸爸、媽媽、女婿、兒媳婦的角色。大家每天的工作、生活都夠忙碌，保持激情談何容易，何況甚麼性變態不變態？算了吧，無性愛也照樣能過日子。西方人也許會問：沒有了激情，爲甚麼還在一起？東方人大概會明白：不願意讓父母擔心，更不想教孩子難過，朋友也可以同居，不是嗎？總的來說，家庭比個人重要。或者說，家庭是個人認同的最大根據。不管怎麼講，日本社會有許多這樣的夫妻，至今二十年了。「無性愛夫妻」生育的一代成長爲「草食系」，只能說是理所當然的。

日本媒體所謂的「草食系男子」，仔細看來是「草食系」和「男子」加起來而成的。本來，日文的「男子」「女子」相當於中文的「男同學」「女同學」，一般只用在學校裡。已成年的男女，按道理不會稱之爲「男子」「女子」的。可是，二〇〇〇年代起，把二十幾、三十幾歲的單身男女都開始叫「××男子」「××女子」了。例如，「便當男子」「鐵道女子」等。其語感猶如未達到生殖階段的超齡學童，換句話說是無性化。

當初，媒體經常拿「草食系男子」跟「肉食系女子」對比。那也不是沒道理。不像老一輩人對兩性的社會角色有很明確的概念，凡是男的都要扮男子漢，凡是女的都要演淑女，二十一世紀的男女都很實在了。「草食系男子」不隱瞞對甜品的嗜好，「肉食系女子」也公開承認對性愛的興趣。不過，久而久之，越來越明顯的是「草食系男子」的增加並不意味著兩性的中性化，而意味著兩性的無性化。如今的日本年輕人不分男女都以「草食系」爲主，對戀愛、性生活不大有興趣，寧願回家跟媽媽、姐姐一起吃甜品。畢竟，經濟泡沫破裂以後的二十年，國家經濟一直低迷，即使出去競爭也收穫不會很高，但是生活水平倒比父母年輕時候高。在這麼個時代環境裡，男孩子、女孩子都不願意離開父母家，只能說是很合理的。

大家都要回家跟媽媽、姐姐一起吃甜品。那麼，他們的爸爸去哪裡，做甚麼呢？週刊雜誌紛紛推出「中高年性愛」專輯的讀者對象，就是那些孤獨的爸爸們。他們至今不能卸下企業戰士的招牌，在通勤電車上翻開黃色文章找刺激，令旁邊乘客皺眉。但是，今天的「草食系男子」年長以後也不會成爲「中高年性愛」專輯的讀者。到了那個時候，二十世紀曾經很好色的日本人形象，也終於從世界上徹底消失吧。

【關鍵名詞】

森岡正博
もりおか まさひろ

一九五八年生於高知縣高知市，大阪府立大學教授，是日本研究生命學的著名哲學家。二〇〇三年出版《無痛文明論》，是探討現代思潮的話題代表作，二〇〇八年出版《草食男的純愛手記》，使名詞「草食系」大為流行。他目前在《朝日新聞》〈煩惱的課題〉專欄上，為年輕人解惑，並任《Journal of Philosophy of Life》總編輯。

（商周出版）

隨時代變化的語感

【嫁 よめ】

對日本女性來說，「嫁」是個既可惡又可怕的詞。我自己雖然結了婚，有了丈夫，但是絕不承認做了哪家的「嫁」。所以，當我第一次聽到剛結婚的弟妹自我介紹說「我是你弟弟的嫁，叫××，請多指教」的時候，眞大吃了一驚。

雖說日文中的漢字是從中國大陸傳過來的，但是現代中文和日文之間，一些漢字的意義已不完全相同了。例如，娘、姑、嫁等女子旁漢字所指的內容，在兩者之間很不一樣。

娘＝女兒

姑＝婆婆

老婆＝老太婆

嫁＝媳婦

當然，人稱在不同的地方，不同的時代，變化是會挺大的。

比如說，婆婆在不同的地方是姥姥，也就是阿嬤的意思。至於老婆這個詞兒，我開始學中文的一九八〇年代，在中國大陸是沒人用的。當時，中國人彼此之間的稱呼是同志，對自己配偶的稱呼則不分男女都爲愛人。同志屬於標準的共產主義詞彙，至於愛人一詞，外人覺得更加彆扭。創作歌手羅大佑早在一九八八年出了專輯叫做《愛人同志》，充分表現出那彆扭的感覺了。香港同性戀社區開始用同志一詞是羅大佑之後吧。後來，大陸人也重新用起先生、太太、老公、老婆等。現在還偶爾聽到有人說「我愛人怎樣怎樣」，令人覺得猶如坐時光機回到了一九八〇年代一樣。

我在這裡順便也提一下小姐一詞造成的困擾吧。同志、愛人年代的中國大陸人說：把年輕姑娘叫做小姐是舊社會的用法，在當代漢語裡小姐是酒家女的意思，或者更賤。可是，在同一時代的台灣，小姐是很普遍的稱呼，也就是英文的miss而已，到了香港連年紀很大的婦女都會被稱爲某某小姐的。後來中國進行改革開放，很少講甚麼舊社會、新社會了，反而經常聽到改革開放以後怎樣怎樣。那麼，在改革開放以後的中國，到底該用甚麼詞兒來稱呼陌生的年輕姑娘如餐廳服務員呢？畢竟叫同志再不合適了吧。有人說，叫小姐就可以。有人說，叫小姐等於刻意侮辱對方，該叫小妹了，或者喊服務員。我偶爾去中國幾天，生怕得罪人家，最近甚麼都不敢叫了，儘管喊「麻煩你！」。

言歸正傳。在日本，一個詞的含義、語感，也會在不同的地方、不同的時代產生變化。前面提的「嫁」是很好的例子。「嫁（念よめ yome）」在日文裡頭是媳婦、兒媳婦的意思。在封建社會，結婚是一個家和另一個家的交易。一個女人結婚，等於嫁入丈夫的家，自動成爲婆家兒媳婦，除了得伺候自己的男人以外，還得服從他父母，甚至他兄弟姐妹。「嫁」這個詞兒一般是婆婆用的，說「我家『嫁』怎樣怎樣」，或者「我兒子的『嫁』怎樣怎樣」。在婆家，一個「嫁」的地位也絕對不如大姑、小姑。一九三五年出生的我母親一代女性，大約是在日本迫不得已做過「嫁」的最後一代。她做了幾年再也受不了，唆使丈夫獨立於父母，從此建立小家庭了。比她小三歲的我婆婆，則一結婚就在大城市的小公寓夫妻兩個人過日子了，當「嫁」的機會只有每年回婆家過年之際。

我敢斷言，對日本女性來說，「嫁」是個既可惡又可怕的詞。我自己雖然結了婚，有了丈夫，但是絕不承認做了哪家的「嫁」。所以，當我第一次聽到剛結婚的弟妹自我介紹說「我是你弟弟的嫁，叫××，請多指教」的時候，眞大吃了一驚。難道她不知道自己的母親一代才辛辛苦苦脫離了嫁字代表的從屬地位嗎？可是，人家是名牌大學畢業，在大銀行做事的，常識方面不會比她同代人差。我就是搞不明白，問了問老公的意見。「你說她自稱『嫁』到底是甚麼樣的用語？」

他的答覆出乎我意料之外。「你還是多看點電視好啊。如今關西出身的搞笑藝人都把自己的老婆叫做『嫁』的。我估計新婚太太出於害羞，不敢用『妻（妻子）』『家內（內人）』『連合（老伴）』等老派的自稱，順便從電視節目裡借來了關西方言。」畢竟他是個關西人加上男性，對「嫁」這個詞的感受性跟我這個東京女人不一樣。後來，我也聽到弟弟把自己的太太稱爲「嫁」了。他比我小九歲，身爲男孩，從來沒有聽母親訴苦道如何被婆婆欺負了，就是因爲她是個「嫁」而不是婆婆的親生「娘（女兒）」。果然他根本不理解爲甚麼姐姐厭惡這個詞如蛇蠍。

看來，對二十一世紀的年輕日本人來說，「嫁」字已經沒有負面含義。再說，他們對關西方言的態度都跟姐姐一輩不同了。我這一代東京人也從小對電視節目裡出現的關西藝人（漫才師、落語家）很熟悉，聽他們講關西方言也聽得懂，但是從來沒想過借用他們的方言來表達自己的思想。這些年，大阪吉本興業公司旗下的藝人如明石家秋刀魚、DOWNTOWN等席捲東京各家電視台的綜藝節目，對整體社會的影響力大多了。

日本位於漢字文化圈的邊緣，所以在中原早就消失的古老發音、語義等往往保留到最後。如今，在東京已經被淘汰了的老日語作爲方言保留在大阪等關西地區，而有些東京年輕人偏偏被箇中的異鄉情調所吸引。大約如此了。

你在何處，又要往何處去

【現役 げんえき】
【浪人 ろうにん】

戰後出生的嬰兒潮一代，人口特別多，升學競爭很厲害，所以那一代人當中，不僅是「大學浪人」，連「高中浪人」都出現過，曾一時造成了社會問題。

日本沒有徵兵制，自衛隊員全是自己志願的。所以講起「現役」，日本人不會想到現役軍人去。大家首先想到的一定是高中三年級要考大學的學生，因爲日文俚語裡，「現役」（げんえき geneki）是「浪人」的反義詞，而「浪人」指的又是高中畢業都沒考上大學的重考生。

日文中的「浪人（ろうにん ronin）」一詞，在古代是「流浪者」的意思。到了封建時代，失去了主人的武士被稱爲「牢人（ろうにん ronin）」了。因

爲「牢人」跟「浪人」的日語發音完全相同，再說「牢人」也經常流浪到外地去，所以兩者之間難免發生混雜，「牢人」也逐漸被叫做「浪人」了。到了近代，自個兒流浪到中國大陸去，從事各種政治活動的右翼人士被稱爲「大陸浪人」。

至於「大學浪人」，乃第二次世界大戰以後，對教育制度進行民主化改革的結果，連中產階級子女都開始上大學的日子裡，才普及起來的用法。因爲戰後出生的嬰兒潮一代，人口特別多，升學競爭很厲害，所以那一代人當中，不僅是「大學浪人」，連「高中浪人」都出現過，曾一時造成了社會問題。在現代社會，不到十八歲的少男少女一般都在各級學校的管轄下，做父母的只要早晨叫孩子們起來送往學校，就直到傍晚都不必爲他們操心了。可是，浪人不一樣。沒有學校老師管的孩子們，只好由父母親自管教。本來學習成績不夠好的青少年，一旦成了浪人，往往最基本的生活習慣（如早晨起來晚上睡覺）都會崩潰，想要墮落易如反掌。後來，爲了驅散浪人父母的噩夢，各家補習班都開辦了專收浪人的班級。

我高中畢業那年，沒有考上大學，只好到東京代代木的補習班，做了一年「浪人」。那可算是我這半輩子最孤獨的一年了。高中的同學們大多都翻身爲大學生，學化妝啦，穿上時裝啦，去約會啦，圖出國啦，生活中充滿著樂趣。而我呢，是一年四季只有牛仔褲穿，是根本沒份玩樂享受的「女浪人」。可是，第二年終於上了大學，我又驚訝地發現：其實做一年「浪人」並不算甚麼。班裡還有「二浪生」。我甚至見過做了五年「浪人」的年長同學，大家都尊敬地稱他爲「五郎桑（ごろうさん Goro-san）」。

雖說「浪人」明明是俚語，可是好奇怪，日語中卻不存在意義相同的一般名詞。政府機關會把重考生叫做「過年度生」，但那是只通用於教育界的術語，許多日本人根本沒聽說過。反之，一說「浪人」就誰都知道是甚麼意思了。它指的對象也早就不限於學生，如今暫時不屬於單位的人都叫做「浪人」了。比如說職棒選手或教練，離開了一個隊以後，若一時找不到適當的去處，就做一年的「浪人」。關鍵在於：凡是「浪人」都在等待下一次（第二年）的機會。這一點，跟純粹的失業者或尼特族不一樣。

「浪人」的反義詞「現役」也一樣沒有意義相同的一般名詞。日文中，連相當於「應屆」的詞兒都不存在。漫畫裡常見到的「現役合格」四個字指的是，高中三年級考上大學，三月畢業，四月入學的順利人生，乃相對於「浪人合格」而言的。估計社會上流行了「大學浪人」一詞以後，爲了對比，才誕生了「現役合格」「現役生」等等說法。不過，究竟爲甚麼借用了軍隊用語，只能說是謎。

「現役」一詞的含義比「浪人」廣得多，會指工作上、生活上、社會上，仍然在職，還沒有「引退」的狀態。例如，年紀大的公司老闆題字時候寫「生涯現役」，就是「一輩子不退休」的意思了。這種「現役」的反義詞不是「浪人」，而是「隱居」或「OB、OG」。「OB、OG」是日式英語，分別爲「old boy」和「old girl」的簡稱，指著「退役的」。所以，學校社團的校友會，往往都用「某某社團OB會」或「OG會」的名稱。在日本，即使是十八歲的女網選手，一旦從學校球隊引退下來就會被稱爲「OG」。Oh, Gee!

不自由的日文稱代詞

【彼氏かれし】【彼女かのじょ】

我年輕時候曾覺得說日語很不自由，其實不單純是語言問題，而是跟日本的文化環境分不開的。現實中的語言不可能是中立的，也不可能是透明的，它有它的偏向，也有它的味道。

學會外語可以說是一種解放，或者說從母語的束縛被解放出來得到前所未有的自由。我從小就覺得說日語很不自由，因爲它缺乏中立的第二人稱代詞，如中文的你，英文的you。

日文裡其實充斥著第二人稱代詞，例如：貴方（念あなた anata）、貴女（同）、貴方樣（念あなたさま anata-sama）、貴女樣（同）、御前（念おまえ omae）、貴樣（念きさま kisama）、其方（念そちら sochira）、自分（念じぶん jibun）、御宅（念おたく otaku）等等。問題在

於其中沒有一個是中立的，反之不是褒就是貶。

如果在東京街上對陌生人喊「御前」啦、「貴樣」啦，就等於自找麻煩。但是喊了「貴女」啦、「御宅」啦，人家也會以爲你神經有點問題。講日語最符合禮節的是盡量迴避人稱代詞而永遠用對方的職位或姓氏，例如在公司裡就喊「社長」「部長」，在學校裡就喊「校長」「先生」，對朋友就喊姓、名、外號，在家裡則喊「爸爸」「媽媽」等。

青春時代，我覺得最麻煩的是，跟母親說話非得叫她「媽媽」不可。我有一次試圖用「貴女」這代詞來跟她交談，結果她馬上大喊起來毅然宣佈：「別叫我『貴女』。我是你母親。」但是，沒有中立、平等的代詞，就不可能有中立、平等的關係，也不可能有中立、平等的對話。所以在日本，許多對話是提前被禁止的。

日語沒有中立的第二人稱代詞，那麼第三人稱呢？

中文的他和她，英文的he和she，都沒有特別的含義。日文就不一樣。你說到「彼氏（念かれし kareshi）」或「彼女（念かのじょ kanojo）」，人家會以爲你在談自己的男朋友、女朋友。如果純粹當代詞來用「彼氏」「彼女」的話，別人則覺得你在把外語直接翻譯成日語講話，也嫌太洋氣了。所以，講日語，不僅得忌諱「你」而且要迴避「他」和「她」，結果話語裡氾濫

「社長」「部長」「校長」等尊稱以及「山田桑」「鈴木桑」等專用名詞。這麼一來，好比在到處埋著地雷的草地上走路一樣，始終得戰戰兢兢提心吊膽，不能夠放鬆下來談天說地。總而言之，不自由。

在日本夫妻之間，如何稱呼對方也會成爲問題。如今在文化程度較高的夫妻之間，常見到丈夫叫妻子「奧桑（念おくさん okusan）」的情形。這個詞的語感相當於中文的「太太」，例如家僕叫女主人，或者叫鄰居主婦時候用的稱呼。顯而易見，夫妻之間用起來嫌太褒。儘管如此，今天的日本先生們寧願謙虛到把自己貶低爲家僕，都不想被扣上大男人主義者的臭帽子，所以絕不敢像他們的父親一輩那樣向妻子叫喊「喂，御前」。

另外也有不少丈夫叫妻子爲「媽媽」，即「孩子他娘」。只是，一旦稱妻子爲「媽媽」，自己也要反過來被稱爲「爸爸」了。以往的「彼氏」和「彼女」演變成「爸爸」和「媽媽」，多多少少會失去談戀愛時期的浪漫情感吧？其實，曾經做「彼氏」「彼女」的時候，很多人都用名字來互相稱呼的。結婚以後，不少妻子繼續用名字叫丈夫，然而對方卻用起「奧桑」「媽媽」等角色稱呼來，有意無意地淡化妻子的個性，並且試圖用語言把她關在家庭裡。另有一個解釋則說：日本人的集體依賴性特別強，大家都下意識地尋找著母性的懷抱；因此去酒吧就把女主人叫做「媽媽」，回到自己的家又把妻子叫為「媽媽」。聽起來不無道理。

我年輕時候曾覺得說日語很不自由，其實不單純是語言問題，而是跟日本的文化環境分不開的。現實中的語言不可能是中立的，也不可能是透明的，它有它的偏向，也有它的味道。然而，只要自己有堅定的原則，並且懂得操縱語言的話，日子仍然可以過得滿自在。例如：有資格叫我「媽媽」的只有我孩子們。不是很簡單嗎？

感情有多深，這一天知道

【義理チョコ】

【WHITE DAY】

情人節和白色節都給女同學們壟斷了。也許跟社會結構的變化有關吧。如今有越來越多女性在生活中不需要男性。而那種變化也果然反映到小學生的人際關係上來了。

我的女兒正讀小學四年級。二〇一二年的情人節，她動員母親和父親，總共做了六十多粒巧克力，爲的是送給她同學們——同一級，總共三十多個女同學。

在日本，情人節是一九六〇年代以後普及的外來習俗。當初有幾家巧克力公司和百貨商店爲了擴大糖果市場，在報紙、雜誌、電視等媒體上打的廣告說：二月十四日在西方是情人節，你們也在這天給心愛的對象送巧克力，讓他知道你的感情有多深吧。

一九七〇年代，我讀中學時候的情人節，許多女同學都買一塊巧克力，早晨早一點上學去，把禮物和情書塞在了暗戀對象的鞋櫃裡。日本小學和中學的校舍都是在門口換了鞋子後進去的，每一個學生都有屬於自己的鞋櫃。那個小小的櫃子在學校裡算是最私密的小空間，雖然把巧克力塞進去有點不衛生。

每年的二月十四日，女方給男方送巧克力以便表白之前藏在心裡的愛情，這一習慣後來也擴大到不同世代的日本人去了。同時，市面上巧克力的種類逐年增加，品質和價錢也隨著提高了。一九八〇年代，日本經濟最好的時期，一方面出現了比利時、法國等歐洲老字號大小巧克力店做的高級品種，小小一粒的價錢跟大蛋糕一樣貴，卻跟珠寶一般無限誘人；另一方面，荷包裡有閒錢的白領女性，開始購買大量廉價巧克力，散發給上司啦、同事啦、公寓管理員啦等等並不心愛的男性當應時的禮物了。那好比是中秋節的月餅一樣，不過是社會生活的潤滑油，跟個人感情毫無關係，於是被稱爲「義理チョコ（義理巧克力）」，即情面巧克力。

二十一世紀的日本女性，跟上世紀很不同了；她們若對某個男性有了好感，就直接跟對方說，而不會等到二月十四號把巧克力塞進鞋櫃裡、辦公桌抽屜裡等等。所以這些年，情人節逐漸失去了「愛情表白日」的意義。這麼一來，巧克力公司和百貨商店都很著急起來，又打了廣告勸女士們：買幾粒歐洲高級巧克力，當作送給自己的禮物吧！畢竟大家都每天上班工作好累的，需要偶爾受到讚揚和寵愛嘛，如果沒有異性送你禮物的話，就不妨自己給自己買珠寶般有魅力的巧克力了。

可是，女學生是另外一回事；她們特別喜歡送小禮物給別人的。既然給男同學送巧克力已經不吃香，那就彼此交換享受吧。這樣造成了小學、中學的女學生互相送「ともチョコ）」即友情巧克力的風潮。她們給同性朋友們送親手做的巧克力。說親手做，普通人並沒有從可可豆製作巧克力的技術，於是她們買來最普遍的板狀巧克力切成薄片，放在小鍋裡融化以後，倒進各種形狀的小鋁製杯裡，並且上面放點堅果、彩色砂糖等，做成普及版比利時巧克力。然後，裝在小小可愛的透明袋子裡，用漂亮的絲帶繫成蝴蝶結，二月十四日的早晨互相贈送。如果是初中生，大概自己能做全部工程吧。但是，小四的同學到廚房裡自己倒熱騰騰的液體巧克力讓人不放心，只好由父母監督一下。

這兩年在我女兒上的小學，大多數女孩子都到了四年級就準備幾十粒「友巧克」帶到學校來，因爲參與人數非常多，校方要禁止都不容易了。那天沒來得及準備巧克力的同學們，則得等到三月十四日，即日本所謂的White Day，要給每一個人送回禮了。這也是日本商人想出來的行銷把戲：凡是二月十四日收到了巧克力的人，應該整整一個月後送果汁軟糖、飴糖、餅乾等當回禮。西方人都說沒聽過什麼白色節，但它已經跟情人節一樣地扎根於日本社會了，恰似中秋節的月餅。

可憐的是男同學。他們本來很期待會有個女同學情人節當天送巧克力來，然後考慮接不接受人家的好意，一個月以後回送的甜品要附上什麼樣的回信。然而現在，情人節和白色節都給女同學們壟斷了。也許跟社會結構的變化有關吧。如今有越來越多女性在生活中不需要男性。而那種變化也果然反映到小學生的人際關係上來了。

肆【這些事，那些人】

北斗

虎面人運動

【タイガーマスク】

「虎面人運動」的一個特點是有許多中年男性參與。他們在如今的社會是最不受注目的一群人。好像所有的流行現象和商品都由年輕人和女性製造領導似的。這次，倒是全日本的中年男性猶如收到了老同學的邀請書一般，主動並不約而同地去重複善行了。

自從二〇一〇年底席捲了日本全國的「虎面人（タイガーマスク）Tiger Mask」運動，過了三個月似乎告了一段落。不過其影響仍繼續燃燒，給人以「星火燎原」的印象。

事端是那年聖誕節早上，群馬縣的孤兒院收到了匿名人士「伊達直人」送來的十個小學生用背包。這則消息感動了一代日本人，因爲「伊達直人」是一九六八年開始在漫畫雜誌上連載的人氣作品《虎面人（Tiger Mask）》之主人翁，電視上也曾每週播送了卡通節目。

漫畫原著者梶原一騎創造的「伊達直人」是孤兒院出身的職業摔角手，他定期匿名捐款給曾培養自己的孤兒院。他代表正義與勇氣，獲得了一九七〇年代日本兒童的熱烈支持。當年長大的一代人，到現在都能唱卡通節目的主題曲。但是一九八〇年代以後，電視上沒有重播《虎面人》，也很少聽到主題曲了，因爲社會風氣發生變化，描繪孤兒院悽慘狀況的作品被視爲「政治上不正確」。

聖誕節早上的新聞節目一把群馬縣「伊達直人」的善行播送出去，日本全國的孤兒院就都出現了當地的「伊達直人」，轉眼之間，捐獻總數超過了一千宗。有的送書包，有的送文具、玩具、食品、現金。日本社會歷來沒有捐獻的傳統。這一次的現象可以說是破天荒的。連皇太子都在二〇一一年二月二十三日的五十一歲生日所感之中，特別提到了「虎面人運動」表現出來的社會善意。

是社會善意，沒有錯。不過，我作爲《虎面人》老粉絲，有稍微不同的感想。那就是群馬縣「伊達直人」好比發起了全國性的同學會。他的名字讓我們這一代人想起了自己曾是天眞小朋友的年代。當年社會還沒有網路、有線電視、光碟，大家都看同樣的節目，唱同樣的歌，爲同樣的故事流淚，擁有同樣的理想。

「虎面人運動」的一個特點是有許多中年男性參與。他們在如今的社會是最不受注目的一群人。好像所有的流行現象和商品都由年輕人和女性製造領導似的。這次，倒是全日本的中年男性猶如收到了老同學的邀請書一般，主動並不約而同地去重複善行了。群馬縣「伊達直人」給全國的同代人提供了自己也當上英雄，證明自己還擁有當年理想的機會。

現在日本有了「請你，虎面人！」網站聯繫全國的福利設施和善意人士。這也是群馬縣「伊達直人」留下的禮物吧。謝謝虎面人。

【關鍵名詞】

梶原一騎
かじわら いっき

生於一九三六年，卒於一九八七年，原名高森朝樹，是日本重要的漫畫編劇家。著有《虎面人》《小拳王》《巨人之星》《愛與誠》等爲台灣漫畫迷熟知的經典漫畫作品，曾出版自傳散文《從地獄生還》。

（講談社）

誰掌握了日本女性主義風向球？

【上野千鶴子 うえのちづこ】

一方面，過去四十年日本社會的風氣確實變化了，尤其在年輕男女的關係裡，有女性壓倒男性的趨勢，甚至出現一本暢銷書叫《灰姑娘，你該推倒王子》。

《不惑的女性主義》是日文新刊書的標題。作者是東京大學名譽教授上野千鶴子，可以說是日本最有名的女性主義者了。孔子曰：四十而不惑。這本書之所以用「不惑」一詞，就是因爲日本女性主義有了四十年的歷史。

以男性沙文主義聞名於世的日本，一九七〇年代初受美國影響，出現了女性解放運動。一九七五年聯合國展開「國際婦女年」活動，日本的一批中學家政課老師組織「行動女性會」，開始揭發了電視廣告中的性歧視。當時在正播放的House食品公司之泡麵廣告裡，男演員說「我是吃飯的人」，女演員則說「我是做飯的人」，該會認爲有推廣男女不平等思想的嫌疑而加以全面攻擊，最後迫使停播了。跟著出現了「中P聯」，即「反對中絕（墮胎）禁止法並且要求解禁pills（避孕藥）的女性解放聯合會。」「中P聯」的成員們戴著粉紅色安全帽，帶領媒體記者到大公司總部，批鬥了對妻子不忠的丈夫以及公開發表性歧視言論的社會名人，嚇壞了心中有愧的許多男人。

從美國傳來的「Women's Lib」（女性解放運動的簡稱），當時在大多數日本人的眼裡過於激進並且太情緒化，總的來說歇斯底里。然而，歷史已經證明，歸功於「行動女性會」的提議，日本全國的中學從一九九四年起讓男女同學共同上家政課，結果今天的日本小伙子個個都有自己的針線盒，鈕子掉了就會自己拿針來縫補了。也歸功於「中P聯」的叫喊，日本厚生勞動省（衛生部）一九九八年終於認可了避孕藥。都比先進國家落後幾十年了，但是如果沒有一九七〇年代不怕被扣上「歇斯底里」帽子而發出聲音的勇敢女性們，說不定日本中學今天還專門讓女同學上家政課，日本女性還沒有主動避孕的手段。

給當初戴上「歇斯底里」帽子的婦女運動提供了女性學理論框架，使得不容易揶揄反駁的第一把手就是上野千鶴子。她一九四八年出生於富有的基督教醫生家庭，從京都大學研究生院畢業以後，當上了平安女學院短期大學講師。那是一所培養家庭主婦的無名學校，直到一九八二年上野問世了《性感女孩大研究》一書以後，該校名稱才第一次在全國性媒體上出現了。她第一本書，其實用社會學框架分析廣告中之性歧視的，但是因爲標題充滿挑撥性，一下子引起了注意。之後，她出版登載許多三角褲照片的《裙子底下的劇場》，用女性主義理論大肆批判著名文學作品的《男流文學論》等，成爲了日本女性主義的大明星。

對上野暴紅，不是所有日本女性都服氣。文學評論家山下悅子一九九一年就出版《女性時代的神話——上野千鶴子能救女性嗎？》進行了批判。誰料到那公開的批判倒起了反作用。翌年男作家上原隆寫《誰害怕上野千鶴子？》講述了他妻子受上野的影響而離開他的過程。上原書的標題是引用美國話劇／電影《誰害怕維吉尼亞・吳爾芙？》的。上野似乎很喜歡自己跟吳爾芙被並立而論。自己也出了一本《上野千鶴子對文學進行社會學》。然後標題中有她名字的書籍接踵而來：《在東京大學跟上野千鶴子學吵架》《挑戰上野千鶴子》《上野老師，請別自行離開人間》等等。上野千鶴子名副其實是日本女性主義的象徵了。

二〇〇九年上野寫的晚年生活指南《一個人的老後》成爲暢銷書。二〇一一年她提早從東京大學退休，擔任女性網站WAN理事長了。日本女性主義界還沒有能代替她的下一個大明星。一方面，過去四十年日本社會的風氣確實變化了，尤其在年輕男女的關係裡，有女性壓倒男性的趨勢，甚至出現一本暢銷書叫《灰姑娘，你該推倒王子》。另一方面，在社會上有地位的女性還特少，尤其女性國會議員似乎都是高級官僚或藝人出身，進入決策階層特別困難。在《不惑的女性主義》裡，上野也寫：當女性議題碰觸國策之際，逆風馬上颳起來。

【關鍵名詞】

上野千鶴子
うえのちづこ

Ueno Chizuko

日本社會學家。出生於富山縣，京都大學社會學科畢業。上野是日本著名研究女性解放理論的女性主義者，在一九八〇年代的日本學術界打出名堂，與淺田彰、今村仁司、栗本慎一郎、岸田秀等學者齊名。上野千鶴子與台灣亦有學術交流，一九九三年五月李昂應東京大學文學部的邀請演講，與上野千鶴子作了一次對談，後來李昂又在雜誌《世界》上第二次與上野教授對談。

（河出文庫）

（岩波現代文庫）

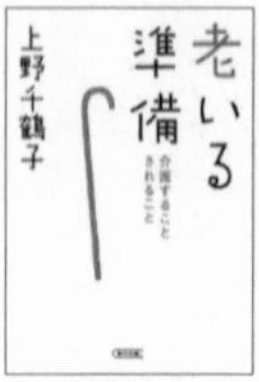

（朝日文庫）

（紀伊國屋書店）

何來單一民族國家

【王貞治おうさだはる】【孫正義そんまさよし】

第二次世界大戰以後的日本，忽然標榜起純血統國家的優越性來，歧視來自舊殖民地的韓裔人，迫使他們不敢公開用眞實姓名。相對來說，日本社會對華裔人士的接受性比較高。王貞治可說是最好的例子。

二〇一二年一月的日本相撲番付（順序）表上邊的級別如橫綱、大關等，很多都給蒙古、愛沙尼亞、保加利亞等外國出身的力士霸佔了。全球化的今天，各國的有爲青年要來日本當職業力士，何況蒙古人有練相撲的悠久傳統。相比之下，越來越少有日本男孩願意把自己改造成白麵饅頭般的大胖子，露著屁股在眾人面前翻滾。雖說相撲是日本的「國技」，但是如今倘若排除了外國人就無法成立的了。

有些日本老人看著外國名字

充斥的番付表搖搖頭，因爲他們認爲「國技」應該保持純血統才是。然而，他們也不會介意日本職棒的全國冠軍福岡軟體銀行鷹隊的老闆是韓裔商人孫正義，反之會由於該隊的前教練是華裔明星王貞治而感到榮幸。

個別的日本政治家還偶爾說出「純血統是我國家的優良傳統等等」而受到批判。畢竟，日本有北海道原住民族阿伊努（或譯愛奴）人，南方有本來屬於獨立王國的琉球人，另外有近代歷史留下來的韓裔、華裔人士。輕易地說出「日本是單一民族國家」會嚴重傷害很多人的感情和自尊。

社會學家小熊英二有本著作叫《單一民族神話的起源》，書中論述：日本的「單一民族神話」其實是第二次世界大戰失敗以後才誕生的。也不奇怪，之前是忙於做大日本帝國之夢，要把周圍民族都吸納成天皇之臣下，在侵華戰爭中，甚至拿出「同文同種」的說法要當建設大東亞共榮圈的理論根據。

第二次世界大戰以後的日本，忽然標榜起純血統國家的優越性來，歧視來自舊殖民地的韓裔人，迫使他們不敢公開用眞實姓名。連如今是日本頭號富豪的孫正義都直到就業以前用日本姓氏過日子。在職棒界，王貞治的好友張本勳，跟他們同代的金田正一等比比皆是韓裔明星，他們的血統也算是眾所周知的，但是如果公開說出來就被視爲故意侮蔑。民族問題至今還相當敏感。

相對來說，日本社會對華裔人士的接受性比較高。王貞治可說是最好的例子。他父親王仕福是一九二〇年代移居日本的溫州青田人，跟日本妻子一起，在東京經營了中餐館「五十番」。一九四〇年出生的次男貞治從中學時候起就在全國棒球大會上很活躍，一九五九年加盟了讀賣巨人軍。他的背後號碼爲一，外號則叫「ワンちゃん（one-chan）」，顯然是「王」的諧音。王貞治一九七七年創下了生涯七百五十六支全壘打的世界紀錄，並榮獲首屆日本國民榮譽賞。這獎賞可以說是當年的首相福田赳夫爲了王貞治而特別創設的。後來，著名導演黑澤明以及十多位優秀運動員、作曲家、歌手、漫畫家等獲得了這獎賞，但是關鍵在於日本國民榮譽賞並沒有國籍條款，可以頒給旅日外籍人士。

王貞治一直保留著中華民國國籍，廣大日本社會都知道。儘管如此，沒人反對他獲得國民榮譽賞。他如今擔任代表職棒界的日本名球會會長都被視爲理所當然。他曾帶領日本球隊去美國參加世界棒球賽，被當地記者問及國籍，回答說：「我父親是中國人，母親是日本人。我從小在日本長大，受日本教育，做爲日本棒球人士一路走來。」不僅他本人，連他次女王理惠也一直保留著中華民國國籍，用王姓在日本媒體界工作，雖然其實只有四分之一的華人血統而已。

二〇一一年的十一月二十日，在福岡雅虎球場舉行的日本大賽最後一場上，軟體銀行鷹隊打敗中日龍隊，獲得了日本總冠軍之際，前教練王貞治馬上出來祝福選手們，大家把老闆孫正義拋向了空中。平時好嚴謹的王貞治都破顏一笑，平時就像調皮孩子的孫正義則是樂不可支的樣子。不僅是筆者，相信很多電視觀眾看了那場面都受了感動。日本和朝鮮半島、中國大陸之間，只有一衣帶水。王貞治的父親、孫正義的父母都過了那點海水來到東瀛，把兒子教育成全日本崇拜的英雄了。眞不簡單。

追溯那一年的時光

【一青窈 ひととよう】

誰也不能選擇自己的父母；大家都只好接受父母。一青妙、一青窈姐妹也沒有選擇父母。她們生為台灣闊家的後代，算是很幸運的。她們年紀輕輕就得跟父母死別，則算是很不幸的。

第一次看到一青窈（ひととよう Hitoto Yo）三個字，我就覺得很好奇。從來沒看過這樣的姓名。一青是日本人的姓氏嗎？聽說，日本海邊的石川縣能登半島有個地方叫一青。但是，姓一青的家族，全日本也只有寥寥幾家而已。再說，一青窈三個字裡，除了很少見的姓氏以外，還有一樣少見的名字：窈。這不是一般日本人知道的漢字啊。中文裡出現的頻率應該更高，台灣就有歷史學家叫周婉窈。後來，我從媒體報導中得知：一青窈其實是日台混血兒，一青是日本母親的姓氏，窈則是台灣父親給她取的名字。中文姓名叫顏窈。

那好像是二〇〇二年，一青窈唱〈陪哭〉出道而馬上走紅的時候。兩年後，她也在侯孝賢的「珈琲時光」裡飾演了跟台灣男孩談戀愛的日本撰稿人井上陽子；她在調查台灣出身的作曲家江文也之生平，並在影片中訪問眞實的江夫人和女兒。一個台日混血兒，在一部台灣導演拍的日本影片中，飾演一個懷上台灣人後代的日本女性，並跟已故台灣音樂家的日本遺孀進行對話。意味眞深長。但究竟是甚麼意味？

二〇〇八年秋天，《朝日新聞》晚報分五次刊載了「一青姐妹與顏家」。連載的第一回就提到，二〇〇七年有部日本紀錄片叫做「傾聽風聲——台灣・九份物語」（林雅行導演），一青窈的姐姐一青妙擔任了旁白。

才幾百字的短文包含了許多訊息。九份是「悲情城市」和「多桑」兩部電影的背景，連日本人都知道。但是，我萬萬沒想到，一青窈的父親顏惠民是台灣五大家族之一基隆顏家的長子，而顏家曾經營九份金礦，雇用了六千名礦工。也就是說，「悲情城市」中「小香港」的繁華背後就有顏家。而且在金礦工作的六千名礦工裡，應該有吳念眞的「多桑」吧。其次，我也一樣沒想到，一青窈有個做牙科醫生的姐姐叫一青妙（ひととたえ Hitoto Tae），是她供妹妹讀慶應大學的。當妹妹大學畢業，做了歌壇明星以後，做姐姐的也想到：「金城武、徐若瑄能做到的，我也不妨試一試吧。」結果，眞當上了演員。

這一家族，怎麼如此這般地充滿著傳奇呢？據《朝日新聞》的連載，顏惠民十歲就留日，先就讀東京的名門番町小學校，之後上了戰前專門爲貴族子女開設的學習院中學。太平洋戰爭時期，他住的房子因美軍空襲而燒掉，於是搬進了學習院的同學犬養康彥的家。犬養的爺爺犬養毅是戰前的日本首相，父親犬養健則在戰後擔任法務大臣，姐姐犬養道子乃著名評論家，妻子犬養智子又是個暢銷散文家。換句話說，犬養家在日本算是名家中的名家。當然，就是因爲出身於台灣名家，顏惠民從小就被犬養家的長輩當作乾兒子的。

戰後顏惠民回台灣。然而，一九四九年偷渡到日本來，又在犬養家住了下來。到了一九七〇年，四十二歲的時候，才娶了比他小十六歲的日本太太。然後回台灣繼承家業，並生了兩個女兒：窈和妙。她們還在念小學的時候，全家回日本，一青妙就上了父親的母校學習院。兩年以後，顏惠民因癌症去世，享年僅五十六。八年以後，兩姐妹的母親也因癌症離開人間。這時，一青妙二十二歲，一青窈則十六歲。

二〇一二年初，《每日新聞》的書評欄目介紹了一青妙的自傳性散文《我的箱子》。我趕緊買下來打開看，裡面登著一張小盒子的照片。那是類似於「海角七號」中老友子收到的小盒子，裡面裝滿著航空信封。就是在那些信封裡，作者發現了父母結婚以前彼此寫的情書，以及兒時的自己跟父親交換過的家信。原來，母親去世以後十多年，一青妙都不敢整理父母的遺物。可是，二〇〇九年，她終於決定拆掉父母蓋的房子。整理遺物的過程中，她找到了母親留下的信箱。

《我的箱子》裡，作者談到台灣顏家近年發生的家變。因爲家產多、親戚多、又分散在國外，大家的想法也五花八門，很難得到一致。一青妙代表顏惠民去台北參加家族會議。雖說都屬於一個家庭，成員的使用語言就有台語、國語、日語、英語。

誰也不能選擇自己的父母；大家都只好接受父母。一青妙、一青窈姐妹也沒有選擇父母。她們生爲台灣闊家的後代，算是很幸運的。她們年紀輕輕就得跟父母死別，則算是很不幸的。會說日中台等幾種語言，也算是很幸運的。能屬於兩個文化，都可以說是很幸福的。

儘管如此，《我的箱子》這本書似乎有貫穿整本書的根本疑問：「我究竟是誰？」對於這一道問題，唯一肯定的答案是：「你是你父母的孩子。」問題在於她們的父母已經去世了很多年，而且父親來自日治下的台灣，母親則剛出生就跟她親母即窈和妙的阿嬤死別，使得她們很難追溯到父母的背景。結果，兩姐妹好像有在廣大世界裡迷失了一般的感覺。

一青窈那三個字，第一次看到的時候就像是一道謎。越看她們家族的故事，我覺得，謎都變得越大似的。

我們這一代美魔女

【山口百惠 やまぐちももえ】
【松田聖子 まつだせいこ】
【黑田知永子 くろだちえこ】

美女到了五十歲，跟十五年前，三十年前不會一樣的。關鍵在於她過去三十年從來沒有放棄過美女這一個角色，而且是眞人版的。

1

最近在北京，有份報紙訪問我。來的是兩位女記者，一個四十來歲的資深記者和一個二十出頭的見習生。資深記者有一副很標準的北京婦女模樣，小的呢，簡直跟模特兒一般。這位見習生不僅個子很高，而且身材苗條，不僅皮膚白皙，而且特會化淡妝，穿著低調卻有品味，總的來說，好比是下班後的名模。漂亮的中國女人，我以前也看過不少。但是像她那樣，既沒有架子，又極其自然，似乎對自身之美毫無自我意識的姿態，這回才第一次看到了。那大概是一個國家社會富起來以後長大的一代人方能表現出來的大方吧。

輪流地看著兩位女記者，我在腦子裡想：其實，資深記者給人的印象滿舒服，她年輕時候也應該好可愛的。小記者呢，說她現在特別美麗，相信百分之一百的人都會同意，那麼再過二十年，到了四十五、六歲的時候，她將會是甚麼樣子？還會跟現在一樣，化著淡妝，穿著低調卻有品味的衣服，令人覺得美麗嗎？

於是，我想到了黑田知永子。日本也從來不缺乏年輕漂亮的女孩子。但是，直到二十世紀末，小女孩到了一定年齡就演變成阿姨，是天經地義的道理。過了三十，到了四十，已經五十，仍然像個下班後的名模，則是黑田知永子開闢的新天地。

2

對多數日本人來說，黑田知永子只不過是不太有名的電視人物而已，偶爾主持對談節目，在電視劇如「淺見光彥」裡飾演次要角色。然而，對某一代日本女性來說，倒是一輩子的偶像。她們是過去三十年一直以她為榜樣，或者至少為座標而過來的。

黑田知永子一九六一年在東京出生，初中、高中、大學都讀了成城學園。那是一九一七年在大正自由教育運動下，著名教育家澤柳政太郎爲了追求眞善美的理想而創立的私立學校，校名取自《詩經》大雅中的「哲夫成城」。位於東京世田谷區的成城學園，既是名門學校的名稱，又是私鐵小田急沿線頗有名氣的高級住宅區名稱，其檔次僅次於東橫線的田園調布。凡是東京長大的女孩子，一聽到「成城學園的小姐」就會無限羨慕，因爲她絕對擁有富有的家世和思想開明的父母。何況，她讀大學期間，就當上了時裝雜誌《ＪＪ》的讀者模特兒。

《ＪＪ》是一九七八年光文社針對年輕女性而創辦的月刊。之前，日本已有《an. an》和《non-no》兩本時裝雜誌辦得非常成功。《an. an》的版面充滿著紐約下城般的前衛感覺，《non-no》則散發著歐洲小鎭般的浪漫鄉土氣息。兩份創刊的一九七〇年代初，嬉皮文化席捲西方世界，連遠東的時裝雜誌也受到了影響。然而，《ＪＪ》創刊於嬉皮文化正在萌芽中的七〇年代末，新刊雜誌的概念都截然不一樣了。它主要介紹保守口味的名牌時裝，相當露骨地炫耀著財富。既俗氣又昂貴的趣味，特別符合了暴發戶大眾的需求。

日本的大眾消費者第一次接觸到路易威登、古奇、CELINE、Fendi等品牌，就是在

《JJ》的版面上。以往，歐洲名牌之對於日本人，好比是灰姑娘的玻璃鞋，在西洋故事裡面看到過也聽說過，但是跟現實生活無關。例如，後來拍「蒲公英」等經典影片出名的導演伊丹十三，早在一九六五年出版的《歐羅巴倦怠日記》裡，仔細講述過，捷豹牌汽車、愛馬仕牌圍巾、佐登牌皮鞋等等，是跟銀河系的星星一般遙遠迷人的異國珍品。再說，他當時在歐羅巴倦怠的原因，竟是作爲國際演員等待以義和團事件爲主題的好萊塢影片「北京五十五天」（尼古拉斯雷導演，查爾登・海斯頓主演）之開拍。在普通老百姓看來，都不外是天方夜譚。我自己中學時候就成了伊丹書迷，《歐羅巴倦怠日記》也重複地看過好幾遍，但是萬萬沒想到，不多久將在日本也出現眞的穿用那些名牌的大眾，而第一代的「代言人」居然是跟我同一代的大學生模特兒。

在日本，採用了多名讀者模特兒的第一份雜誌也是《JJ》。當然，並不是哪個讀者都可以成爲模特兒的。只有身材苗條長相宜人，而且是母女相傳愛用名牌物品的闊家千金，如黑田知永子，才有資格在彩頁上微笑。當時的日本，處於經濟泡沫即將膨脹的前夕，在大學生當中，買得起歐洲名牌的還屬於極少數。比方說我，雖然和她同一學年，但是來自平民階級，每次打開《JJ》都不能不受到深刻的文化震撼。

記得當年《JJ》上的兩大時裝派系是神戶的「新傳統派」和橫濱的「濱傳統派」，可見近代初期的對外開放港口，一百年以後仍起著西方文明傳播站的作用。「新傳統派」服裝很像新興企業總經理秘書的打扮。相比之下，「濱傳統派」顯得質樸一點，風格類似於美國常春藤盟校的大學生。她們愛用當地老字號的商品，價錢也相對合理。當時的東京有許多女大學生，下課以後特地坐一個鐘頭的電車往橫濱，先實地觀察一下基督教福音派辦的菲莉斯女學院的同學們如何打扮著，然後到元町商店街採購去了。Mihama的平底皮鞋、北村的包包、福藏的襯衫，當年享有「三種神器」的美名，均爲「濱傳統派」打扮絕不可缺少的必需要素。

就是那個年代，「成城學園的小姐」黑田知永子，以纖細可愛的風格贏得了同代女性讀者的強烈支持。她不是最漂亮，也不是最搶眼，但是最親切，而且最可愛。當時的《JJ》彩頁也常常刊登男朋友開外國汽車來大學門口接她的照片。果然，她二十四歲就從模特兒行業淡出，二十八歲嫁給那個男朋友，同一年生了個女兒。

3

其實，還有一個明星跟我們同一學年，而且比黑田知永子有名得多。她叫松田聖子。一九八〇年，一代歌后山口百惠退出日本娛樂圈，同年松田聖子出道，馬上成為了歌后接班人。那恰巧也是黑田知永子在《JJ》上登場的一年。在消費生活上，對歐洲名牌起了貪心的日本大眾，在娛樂生活上，送走了屬於戰後復興期的最後一個女星，並且迎接了體現泡沫經濟風潮的新世代偶像。

松田聖子，一九六二年三月在九州福岡縣久留米市出生。父親是當地十六世紀的武將蒲池統安之後代，母親也是名門家庭的千金，哥哥曾當過汽車拉力賽賽車手。顯而易見，又是一個上層家庭的小姐。然而，從一開始，她就給人以野心勃勃的印象，大概是出身於地方城市，要打上東京來拚搏一番的緣故。媒體給她取的外號叫做「裝的（ブリッコ brikko）」，乃假裝可憐狀討好賣乖的意思。日語裡，可哀和可愛諧音，因此呈著「可哀相」（可憐狀）的女孩子容易被視為可愛。但是，當聖子在電視鏡頭前邊，因為高興或者感動而哭泣起來，連主持人都感覺到那是「裝的」，因此公開問她「有沒有流淚呀？」有趣的是，泡沫經濟時期的日本人並不討厭「裝的」，反而覺得很新鮮，特好玩。

一九五九年一月出生的山口百惠，十三歲時拿把吉他參加電視節目「明星誕生」而受到注目，十四歲就出道了。百惠是個單身母親的女兒，因爲父親另有家庭，她和妹妹從小受委屈長大。再說，她家所在的橫須賀市，是美國艦船常停泊的港口，在日本人眼裡是紅燈閃爍的軍港，人們以爲，那種地方長大的女孩子不可能不早熟。當年日本媒體常用「薄幸」一詞來形容她的背景。唱片公司則讓「薄幸」的少女歌手唱〈青色果實〉〈一夏的經驗〉等「青色（未熟）性愛」路線的歌曲。

在過去的日本娛樂圈裡，類似背景的男星、女星不勝枚舉。因爲，傳統上，賣藝的被主流社會瞧不起，甚至蔑稱爲「河原乞食（河灘乞丐）」，良家父母是絕不會允許子女做藝人的。只有社會底層來的人，才把娛樂圈看成人生大賭場，願意下個人身注來賭博一番。從前的演員、歌手都經常說：想要出名賺錢給母親蓋大房子。而過去的日本大眾也確實非常愛聽藝人的悲慘經歷。可見，他們不僅賣藝，而且給大眾提供了幸災樂禍的話柄。那可是整個國家社會都還貧困時期的口味。一九七九年，日本政府發表的《國民生活白皮書》就指出：國民中已經普及了中流意識。所謂「一億總中流」（指當時一．二六億人口的中產階級）時代到來，城鄉差距、白領藍領的區別都幾乎消滅，或者至少看不見了。富起來後的新時代，自然需要新一種偶像，例如上層階級出身，愛「裝」出可憐狀的松田聖子。

可以說，山口百惠屬於曾經貧困的日本裡，寧願冒風險也渴望扭轉運氣的階層。她十五歲就認識未來的丈夫三浦友和，一起出演了多部電影和連續劇，包括「血疑」。到了二十歲，她宣佈即將跟他結婚並同時退出歌壇，要成爲全職主婦，因爲那始終是她的最終理想。一九八〇年，二十一歲的歌后出版自傳《蒼白時刻》，總中流的日本群眾爭先恐後地去買，使它成爲了發行量達兩百萬冊的超級暢銷書。

山口百惠年紀輕輕就從歌壇消失，心甘情願地當上賢妻良母去了。後來她一直沒有復出曝光，名副其實地成爲了二十世紀日本的一則神話。曾經出演過多部小津安二郎導演電影的女明星原節子（一九二〇年生），四十三歲退出影壇後也成了神話，被日本媒體稱爲「永遠的處女」。神話人物獲得永遠的生命。原節子引退後三十七年，日本《電影旬報》雜誌逢千禧年舉行的「二十世紀的電影明星」群眾投票的結果，年逾八旬的「永遠的處女」竟然贏得了日本女星中第一名。山口百惠也成了一樣不老不死的存在。在日本人的印象裡，她永遠是兒時「薄幸」的少女，最後穿著純白婚紗退出了歌壇的幸福新娘。

日本媒體曾經稱山口百惠爲「跟時代睡覺的女人」，也有評論家寫過一本書叫做《山口百惠者菩薩也》。處女、娼妓、聖女，乃心理學家所說的古老原型，也都是男性一廂情願想像出來的女性形象。屬於日本戰後復興期的山口百惠，是男性的慾望塑造出來，給男性消費、供奉的偶像。雖然也有過許多女孩子喜歡她，但是當年日本的主流觀點是男性觀點，連女性都得借用男性眼光來看世界，看自己的。她本人的意願也是，在男性主宰的社會裡，盡量孝順母親，之後找個可靠的歸宿。二〇一一年，三浦友和口述的《相性（投緣）》問世。文中說，他倆眞的很投緣，婚後三十年竟沒吵過一次架。如今，他的形象越來越像從前的宇津井健，即當年「血疑」中的父親大島茂。

4

以結婚成家爲最終理想的日本女人，山口百惠屬於最後一代。經濟泡沫一直擴大的二十世紀八〇年代，找份工作易如反掌，二十幾歲女職員拿回家的工資，就足夠維持一個人的生活，還能偶爾買名牌包包，去國外旅行。從前的女性結婚，往往是爲了解決生計問題。如今許多女性經濟上贏得了獨立，不需要結婚了。出去工作賺錢也不再是爲了別人，而是爲了追求自己的慾望。她們的代表選手正是松田聖子。

十八歲高中畢業以後出道的松田聖子，當初面頰胖呼呼，像是野心勃勃的土包子。然而，沒多久，她就跟長年嚮往的大歌星鄉廣美談上戀愛，被媒體稱爲灰姑娘了。誰料到，二十五歲那年，聖子一個人召開分手記者會，在電視鏡頭前邊，說著「下一輩子一定要跟他到底」而大哭起來，引起了全國性反應：「有沒有流淚呀？」果然才一個月後，她便跟演員神田正輝訂婚。長達十個小時的婚禮和酒席，全由朝日電視台實況轉播，收視率竟高達百分之三十四點九，無疑給新人帶來了巨大的利益。神田是大名鼎鼎的石原製作公司旗下的演員。由已故明星石原裕次郎創下的石原公司，歸功於創業老闆享有的名氣（《電影旬報》的「二十世紀的電影明星」投票中贏得了日本男性的第二名）和他哥哥石原愼太郎（現東京都知事、作家）擁有的政治力量，在日本娛樂圈頗有影響力。聖子嫁給旗下的演員，好比是加入了日本娛樂圈的貴族家庭一般。

有人寫松田聖子從鄉下姑娘變成情場達人的過程，取的書名爲《魔性灰姑娘》。日語裡，「魔性」指的是妖婦的主要屬性。該書的作者是男性，否則不會用這詞的。男性分析女偶像，似乎始終只有處女、娼妓、聖女三個範疇而已。《魔性灰姑娘》的意思不外是：從前的處女，後來的娼妓。女性對聖子的看法則一貫是：土裡土氣的野心家。她實在有臉皮和手段去實現一個又一個慾望，那是懂得害羞的都會人絕對學不來的。聖子的慾望那麼強烈，所以給男性的印象特別性感，給女性的印象則非常陽剛。和女性化的外表相反，她的行爲相當男性化，簡直是一名女獵人。對此，不少日本女性都覺得好痛快。

跟一結婚就引退的山口百惠不同，松田聖子二十四歲結婚，不久生了女兒以後都不肯退出娛樂圈。畢竟，她當初做歌手並不是爲了給母親蓋房子。她結婚也不是爲了找歸宿，而是爲了提高自己的身價。在日本，已婚人士的社會地位比單身人士高，尤其是女性。有了孩子以後繼續做歌星的松田聖子，被媒體命名爲日本頭一名「mamadol（ママドル）」即「mama-idol」（媽媽偶像）了。再說，婚後的聖子比單身時候還要大膽，跟日本和外國的多數男人豔聞不斷。她三十五歲離婚的時候，前夫神田正輝則說：我忍耐得夠長時間了。的確，跟聖子結婚的十年，他都是全日本最有名的綠帽子。三十六歲，聖子跟小自己六歲的牙科醫生再婚，穿著白婚紗又一次舉辦了單獨記者會；不出意料之外，兩年後又離婚。雖說早已經沒有當初那麼紅了，然而電視上、廣告裡，還是經常看見她。二〇一一年除夕夜的賀年節目「紅白歌唱大賽」中，她和女兒神田沙也加一起唱了日本最有名的勵志歌曲〈昂首向前走〉。

現年五十歲，松田聖子如今的臉孔和剛出道的土包子時代完全兩樣了。不過，長期在娛樂圈生存下來的明星，也許非得不停地改造自己不可。例如麥可・傑克森五十歲去世之前的模樣，都跟少年時候很不一樣了。五十歲的聖子既沒有皺紋又沒有白髮，當然是花錢得來的美貌。不知是甚麼時候，她活生生地變成了蠟像似的。

5

那麼，我們的另一個偶像黑田知永子呢？她婚後做了六年的家庭主婦。然後，一九九五年，她三十四歲的時候，光文社創刊了以三十幾歲已婚女性爲讀者對象的《VERY》。之前，日本的時裝雜誌都針對於十幾到二十幾歲的未婚女性。她們結婚以後能看的，要麼是老派家務雜誌《主婦之友》《主婦與生活》等，或是新派的生活資訊雜誌《Orange Page》《Lettuce Club》等。《VERY》的創刊方針好創新，要找回來十年前曾看《ＪＪ》的老讀者群。她們年輕時候那麼喜歡過名牌商品，成家做了媽媽以後，也只要經濟條件允許，就一定對趕潮流的高級品牌感興趣。爲了喚起她們大學時候的回憶，新雜誌編輯部想出來的辦法就是：請知永子復出！

一九九五年是日本泡沫經濟破裂以後的第一個谷底，應屆的大學畢業生找工作特別困難，報紙把他們面對的困難說成是「就職冰河期」。在那麼個時代環境裡，年輕一代不分男女都沒有錢也沒有心思去買名牌時裝。然而，早十年大學畢業的人，到了三十五歲已積累了可觀的財產，如果上一輩都富裕如「成城學園的小姐」黑田知永子的話，則對名牌的最新消息，一定會興致勃勃。跟野心勃勃的松田聖子一樣，一九八〇年代出社會的日本人不分男女都很像肉食動物，用勃勃一詞來形容他們最適當。

《VERY》的創刊號上，隱居十年的黑田知永子重新登場，果然引起了大轟動。「她還是那麼漂亮！」當然跟二十五歲時候不一樣，但是三十五歲的美女還是很美的，再說做了人妻人母，身價也比原先貴了。那一期的專題是「沒有我們可以穿的衣服」。傳統上，不僅雜誌社，連服裝公司都把主要商品針對於二十幾歲年齡層的。結果，三十五歲，有閒錢，酷愛打扮的已婚女人，去逛逛百貨公司、商店街，就覺得「沒有我們可以穿的衣服」。商場裡賣的不是合適於小妹妹的流行服裝，就是五十歲以上才會穿的老派衣裳。《VERY》的創刊以及充滿挑撥味的第一期專題，在日本開闢了新的消費市場：針對三十幾歲已婚女人的高檔時裝。當年的編輯說：創刊號問世當天，許多《JJ》的老讀者打來電話說「謝謝，我們就是想要看這樣的雜誌！」

光文社辦雜誌滿有創意。猶如十年前推出了「新傳統派」和「濱傳統派」一樣，這回又發明了一個族群叫做「白金族」，指的是居住於東京港區的高級住宅區白金一帶，在附近的高級商店買東西，上餐館，跟朋友交際的三十幾歲已婚女性。因爲她們的孩子還很小，生活的一切都得以小家庭爲單位。時裝頁上，既介紹三口子的禮服和便裝搭配，又有母親一個人出席校友會時候的服裝案例等。其實，《VERY》的編輯方針是仔細研究黑田家的生活方式以後決定的。那幾年風行全日本的幾個流行語，都發祥於這份雜誌了。例如，「茶髮（染成棕色的頭髮）」，「公園出道（母親和孩子第一次去公園認識其他母子，這時候打扮得合適對以後的人際關係頗起重要作用）」等。顯然，跟《JJ》一樣，《VERY》也和黑田知永子一起劃下新時代。

七年後，光文社又推出了針對於四十幾歲女性的新雜誌《STORY》。正如半世紀以前誰也想像不到六十歲的搖滾樂手一樣，還沒有《VERY》以前，日本沒有三十幾歲可以穿的高檔次時裝，有了《STORY》以後才出現了一批穿上了名牌的美麗四十。不必說，每期的封面上一定有她，翻開了雜誌，裡面也一定介紹著最近她怎樣過著日子。好比是美國電影「眞人秀」，光文社的時裝雜誌也逐漸成爲以她爲固定主角的「眞人雜誌」。所以，二〇〇七年，當四十五歲的黑田知永子離婚的時候，她和編輯部都覺得尷尬是可以理解的。人生沒有不散的筵席。從大學時期持續了二十多年的合作關係終於結束了。

然而，日本雜誌界，已經存在著只有她才能擔任的角色。或者說，只要她當先驅，一定會跟著而來的市場，也就是從《JJ》經過《VERY》和《STORY》，一直穿著名牌時裝打扮成美女過來的一代女性。果然，另一家雜誌社集英社，二〇〇七年破天荒地創刊了針對於五十上下的新雜誌《éclat》，並向知永子送秋波。翌年十月，她開始出現在封面上，到今天還在繼續。

說實話，美女到了五十歲，跟十五年前、三十年前不會一樣的。關鍵在於她過去三十年從來沒有放棄過美女這一個角色，而且是眞人版的。當初是「成城學園的小姐」，後來是「白金的太太」，然後是離過婚卻有高收入的單身母親兼模特兒。其他人走過來的路，大多都沒有她那麼華麗。但是，你想想，身邊一直有黑田知永子當座標，多奢侈呀。

於是我估計，北京女人也一定會一代一代地進化的。並不是說高消費等於進化。美麗才是。松田聖子和黑田知永子都不肯成爲神話，到了半百仍然生氣勃勃，我作爲同一級日本女人，深感驕傲。

【關鍵名詞】
黑田知永子
くろだちえこ

黑田知永子在婚前是日本著名女性雜誌《ＪＪ》的首席名模。然而黑田卻在事業當紅之際，選擇了婚姻，與在大公司裡任職的普通上班族步上紅毯，徹底告別風光的模特兒生涯，退隱做個全職主婦。年屆四十再度復出，黑田知永子成了日本好感度最高的主婦名模。

（集英社）

伍【人生交叉點】

問候如樹葉般飄至

【葉書 はがき】

要是讓日本人選擇的話，一定會選「葉」字了，因爲跟隨風飄搖的樹葉一般，給送到信箱來的紙片，始終有點「意外」的感覺。所以，當網路普及以後，日本仍然有很多人選擇這一種通信媒體。

「葉書」（はがき hagaki）是日文明信片的意思。爲甚麼叫「葉書」呢？據說，在古代印度，人們在一種叫「貝多羅」的樹葉後面寫了佛經。那是一種椰子樹，只在熱帶、亞熱帶繁殖。在溫帶日本，則有大葉冬青樹，亦能在葉子後面寫字，因此日本人學印度人，稱之爲「多羅葉」了。傳說，十六世紀戰國時代的日本武士，就是在這種樹葉後面寫字，彼此通信的。

如今在日本，許多寺廟和郵政局都在門外或院子裡種著「多羅葉」樹，不知誰起的外號叫做「葉書之樹」。撿起一張落葉，在後面用指甲寫字看看，果然樹液接觸到氧氣的部分慢慢呈現出暗棕色的字跡來，好比是寶麗來公司的拍立得相片。

日本人特別喜歡「葉書」。歐洲國家的郵政局經辦的書信當中，明信片佔的比率都在百分之五和百分之二十之間，在日本卻達到百分之四十。一個原因是日本人有元旦交換「年賀葉書（賀年卡）」的習慣。日本人一年裡郵寄的總共兩百四十五億封信件及包裹當中，竟有三十多億（即八分之一）是「年賀葉書」。另外，日本人夏天都交換明信片彼此問安。郵局方面，不僅每年年底推銷有獎的「年賀葉書」，而且七、八月份也出售印著金魚、牽牛、煙花等夏季花樣的專用明信片。

全世界最早的明信片是奧匈帝國一八六九年發行的。日本則在明治維新後的一八七三年就引進了「官制葉書」。中文「明信片」中的「明」字，指的是不用信封，任何人都看得到的公開性。日本人當初也在乎被別人看見書信內容；最早期的「官制葉書」是摺成兩半用的，顯然是爲了迴避外人的眼光。不過，早在明治維新之前，日本城市裡早就普及交換賀年書信的習慣，寫的大多是非個人化的時令致辭而已，被人看見也無所謂，用起官制的「年賀葉書」來既省事又省錢，很受消費者歡迎。再說，明信片上蓋的「一月一日」紅色郵戳給人以喜氣洋洋的印象。就這樣，十九世紀末成為全民性活動的「年賀葉書」，直到二十一世紀的今天仍然是日本元旦不可缺少的景物。

日本小孩平生第一次自己寫信，一般是五、六歲的時候，給祖父母寫張「年賀葉書」。上了小學以後，就一定要給老師、同學寫好幾十張了。除了致辭署名以外，很多小朋友也拿出冰箱裡的甘藷等蔬菜來，要刻干支花樣的印章，使賀年卡圖文並茂。

日本人這麼喜歡「葉書」，估計還是跟箇中的「葉」字有關吧。日本四國德島縣有個叫上勝町的小鎮以賣樹葉出名。上勝町的人口只有兩千三百，其中一半是六十五歲以上。當地老先生、老太太們摘下自己家院子裡種的柿葉、楓葉等，航空運到東京、大阪等大城市的高級餐廳去，結果家家都發了大財。眾所周知，日本料理非常重視季節感和視覺效果：做好的菜餚邊上加了一片紅葉，馬上表達出秋天的感覺來。不同的樹葉能傳達不同季節的訊息，因此許多日本人願意花錢享受樹葉，猶如城市人才會特別迷上盆景一樣。

花錢購買樹葉，也許外國人會覺得奇怪。在日本，買賣樹葉的產業有悠久的歷史。比方說，日本甜品和菓子，很多都是用樹葉包起來的。初春上市的「葛櫻」絕對少不了一片櫻葉；春天的「櫻餅」則要跟鹽醃的櫻葉一起吃下的。端午節的「柏餅」也一定需要柏葉的香味。還有，奈良縣、和歌山縣的名產「柿葉壽司」是利用柿葉的殺菌力的，不能沒有柿葉。商品化的和菓子、壽司等，需要完整乾淨的樹葉。於是樹葉成爲了商品，摘樹葉也成爲了產業。

明信片的英文是「post card」或者「postal card」。不過，英文的「leaf」則既指「葉子」又指「書頁」。漢字的「頁」字跟「葉」字也顯然有相當密切的關係。有人說，日文的「葉書（はがき hagaki）」，其實本來該寫成「端書（也念はがき hagaki）」的，乃便條的意思。恐怕「葉書」當初是借用字。儘管如此，要是讓日本人選擇的話，一定會選「葉」字了，因爲跟隨風飄搖的樹葉一般，給送到信箱來的紙片，始終有點「意外」的感覺。所以，當網路普及以後，日本仍然有很多人選擇這一種通信媒體。

這些年，日本老年圈子裡頗爲流行的「繪手紙（圖畫信）」選擇的媒體就是「官制葉書」。跟印有風景的旅遊明信片或者美術館出售的名畫明信片不同，「繪手紙」是普通人拿起畫筆在明信片上畫水彩，然後加句生活所感之類，寄給親友的。樸素的感覺像俳句。一九七〇年代創始了「繪手紙」的書法家小池邦夫說：「不用畫得好，畫不好就很好。」從沒畫過畫兒的許多老年男女受他鼓勵，成爲「繪手紙」作家了。畢竟，畫「繪手紙」成本低，心理障礙也低，再說透過郵政制度，能夠跟遠方的知己溝通，甚至重溫舊誼。「繪手紙」的題材經常是蔬菜、水果、花草，或節日風景。也就是說，「繪手紙」跟上勝町的樹葉一樣傳達季節的轉移。日本人喜歡「葉書」，想來想去還是跟對大自然的信仰，即泛靈論分不開。

「鐵」是怎樣煉成的

【鉄てつ】

「鉄」（日語念てつtetsu）是鐵道迷的簡稱，還有暱稱版本叫做「鐵ちゃんchan（阿鐵）」。他們不僅單純愛好鐵路而且進一步把人生方針定爲「以鐵爲本」的。雖然最近在媒體上也看得見關於「鐵子（てつこtetsuko）」即女性鐵道迷的報導。

不知道其他國家的男孩子怎麼樣，日本男孩到了兩歲，十之八九不是對汽車著迷，就是被鐵路迷惑。

喜歡汽車的小朋友們，也不知爲何，特別鍾意「工作車輛」。所謂「工作車輛」就是計程車、警車、救護車、消防車、梯車、卡車、垃圾車、披薩店宅配車等等。做媽媽的都是女性，從來沒做過被車子迷住的小男孩。所以，當寶寶才學會喊媽媽、爸爸，便開始不僅津津樂道而且滔滔不絕甚麼拖拉機、推土機、吊車、鏟車、槽車、叉式車等等之際，不由得目瞪口呆，平生第一次明白：原來男孩和女孩就是這麼不一樣的。

對鐵路著迷的小朋友們，最初對火車通過時候發出的聲音產生興趣。尤其是平交道的斷路器下來時候發出的鏗鏗聲，他們特愛模仿。然後是日本火車站的工作人員在月台上廣播說的「車門快要關閉了，各位乘客請注意」，也會學得非常專業。很難相信，這個時候，他們其實還不知道自己的父母叫甚麼名字。

部分男孩對鐵路越來越傾倒。聖誕節前寫信給聖誕老人要軌道和火車的模型，向爺爺奶奶、外公外婆也要各種迷你列車。有些小朋友的收藏品會像小型鐵道博物館。不知不覺之間學會了東京市內所有路線的名字（JR中央線、總武線、湘南新宿線、山手線、埼京線、南武線、京濱東北線、私鐵小田急線、京王線、西武線、東武線、京成線、京急線、地鐵丸之內線、地鐵東西線、地鐵大江戶線、地鐵銀座線等等）以後，就打開爸爸買來的兒童鐵路圖鑑，開始記住日本全國所有路線以及鐵道車輛的名稱。放假時，推著嬰兒車到大車站去，他們就指著手叫喊「那是秋田新幹線。這邊是開往山形的。700系車輛來了。還有E4系呢」等等，知識量顯然超越了母親。誰能相信，這個時候他們還不識字的。

不過，多數男孩到了五歲，就從車子階段畢業出來，開始投入於恐龍以及電視播放的甚麼超人之類，然後不久就要發現原來世上有東西叫電玩了。可是，有少數一部分男孩，識字以後便開始熟讀全國鐵道時刻表，而且還沒上小學之前，就把厚厚一本書的內容全記下來。日本電視節目裡，每隔一段時間都會登場「鐵路神童」，只要是時刻表裡寫的東西，任何問題都能回答的。例如，從北海道某某站到鹿兒島某某站之間鐵路距離有多遠？早晨七點鐘出發，最早抵達要坐哪條路線去？神童會回答說，先坐幾點幾分出發的多少班次到哪裡，然後換坐幾點幾分的多少班次到哪裡，最早抵達時間是幾點幾分等等。如果主持人問他，那班次用的是甚麼車輛？他也當然會回答得一清二楚。到了這個地步，他的將來幾乎已經決定了：要成長爲十足的「鐵」。

「鐵」（日語念てつ tetsu）是鐵道迷的簡稱，還有暱稱版本叫做「鐵ちゃん chan（阿鐵）」。他們不僅單純愛好鐵路而且進一步把人生方針定爲「以鐵爲本」的。雖然最近在媒體上也看得見關於「鐵子（てつこ tetsuko）」即女性鐵道迷的報導，傳統上「鐵」是從鏗鏗鏗一路成長過來的男性。相比之下，「鐵子」往往是單身女性對戀愛遊戲感到疲倦以後，作爲逃避手段而選擇的暫時身分。男性「鐵」們則不會經驗那種挫折或轉折。他們學校畢業出社會以後都一直保持對鐵路衷心的愛，並不停地透過具體行動來證明自己的愛。

有些人工作一放假就到全國各地還沒乘搭過的路線去試乘，被分類爲「乘鐵（のりてつ nori-tetsu）」。有人則帶著專業水準的照相機去拍攝心愛的鐵路車輛，被稱爲「攝鐵（とりてつ tori-tetsu）」。總之在日本，很多地方的軌道邊，每逢假日都出現以萬爲計的「鐵」們。他們的打扮、舉止彼此都很像，屬於廣義的「御宅族」。但是跟熱中於平面偶像的傳統御宅族比較，「鐵」的印象相對乾淨，給一般女性的印象是：雖然不會是戀愛對象，結婚成家也許可以考慮。畢竟，能做三十年的「鐵」，除了痴心以外，還必然有點知性，而且性格方面也肯定非常專一。

老公中學時候的同學渡邊先生，京都大學畢業，在日立製作所任高級工程師。他每年的賀年卡上都印著自己站在甚麼列車前邊拍的彩色照片，顯而易見是堂堂正正的「乘鐵」。對他來講，到遠處乘搭從沒坐過的鐵路，好比是登山家第一次爬了某處名山一樣有成就感，乃不僅値得紀念，而且也値得向所有親朋好友報告的慶喜消息。「渡邊嘛，爲人老實，而且非常聰明。只是對鐵路的興趣完全超過了對異性的興趣。我從來沒聽說過他跟甚麼女人拍拖呢。」老公講。誰料到，快要過四十歲生日的一個元旦，他寄來的賀年卡上竟然見不到鐵路車輛，卻有他跟一個女性去歐洲度蜜月拍的照片。旁邊他親筆寫著：「經上司介紹相親，月前結婚了。」我們實在驚訝，世上會有女人在渡邊眼裡比鐵路還有吸引力的！不過，我們眞正驚訝的是第二年收到賀年卡的時候；這次的照片是他們夫婦倆一起站在甚麼火車頭前邊拍的。到了第三年，賀年卡上就有了列車、渡邊、太太以及一個女兒。最近幾年，還添了一個妹妹，全家四口子一起當「乘鐵」的紀念照片都印在賀年卡上。

日本全國的「鐵」人口相當多，而且他們的知識水準非常高，使得在日本關於鐵路的書寫難度特別高。文章裡一出現小小的錯誤，就會有幾百個「鐵」讀者們要來信指出、糾正的，如今更不用說在網路上辱罵。所以，即使是從小做了將近半個世紀「鐵」的老手，當寫起關於鐵路的書本時，前言裡一定要謙虛地加上一句「雖然本人不算是鐵路專家，云云」。然而，就是因爲「鐵」人口非常多，鼓起勇氣出版關於鐵路的書，成爲暢銷書的可能性也頗高的。

我在早稻田大學的老同學原武史，如今在明治學院大學當教授，可以說是日本「寫鐵」的代表人物了。他的專業是日本政治思想史，曾以《大正天皇》一書獲得過每日出版文化賞，但是更多讀者喜歡看他寫關於鐵路的文章。他目前有十六本著作，其中竟有十一本跟鐵路有關。其實，他的出名作就是日本政治思想史和鐵路文化論相結合的《「民都」大阪vs.「帝都」東京——作爲思想的關西私鐵》（一九九八年，SUNTORY學藝賞）。儘管擁有如此非凡的成就，二〇一一年出版的《「鐵學」概論——從車窗眺望日本近現代史》前言裡，他都寫著「雖然本人不算是鐵路專家」。這個人就是還沒有上小學之前早記住了全國鐵路時刻表的全部內容，到現在已有四十多年的「鐵歷」，在出版商講談社之宣傳雜誌《本》月刊上開專欄「鐵道一個話」連載好幾年，結集出了三本書的呢！書名《「鐵學」概論》頗有意思，因爲在日語裡「鐵學」和「哲學」的發音完全一樣，所以這標題跟西田幾多郎的名著《哲學概論》是諧音的。書中，原武史談到的內容包括：日本的鐵路文學、鐵路與天皇、鐵路產生的思想、鐵路催生的城市等。

記得大學時候，有一次在課堂討論上，原武史說過：「乘搭鐵路，看看車外的風景以及車上乘客的風情，會引起我許多聯想和思考。」他也經常說：「鐵路好像有特別吸引男性的因素。」看看這些年問世的「鐵子」書寫、「鐵子」照片集等，我發現她們經常把車輛當作男性來寵愛，例如說「某某系車輛的長相特別帥」等等。相比之下，男性同好則很少把鐵路比做女性，結果較容易被男女兩性讀者接受。二〇一一年散文家川本三郎發表的《小說中、電影中、火車跑》一書是很好的例子，文中討論電影名作「砂之器」「飢餓海峽」「東京物語」等裡面的鐵路形象，頗為迷人的。

雖然我認為任何東西都不可以給一個性別壟斷，可是養大了一個男孩，並觀察了周圍許多男孩以後，不得不承認：車子好像特別吸引男性。包括為甚麼部分男孩從不畢業於這一階段而要成長為終生的「鐵」，即「鐵是怎樣煉成的」，都很不可思議，該是老天爺注定的吧。

酷的人，不考慮酷不酷，所以酷

【My-Boom】

經濟高度成長時期，消費是大眾式的：別人要的東西，我都買了，才覺得滿意。進入了穩定成長期，則出現所謂小眾：每個圈子的人有不同的口味和消費傾向。到了零或負成長時期，居然出現了「my-boom」。

日本媒體界有幾個名人，常常在雜誌上、電視節目裡能看到他們，但是誰也搞不清楚到底人家的職業是甚麼。三浦純是其中之一。他是一九五八年出生的中老男人，一直留著一九七〇年代嬉皮模樣的長頭髮，戴著遮蓋半個臉孔的蛤蟆鏡。最常掛的頭銜是插畫家和漫畫家，但是他也寫散文、寫影評、拍照片、搞樂隊、主持廣播和電視節目、添歌詞，甚至拍電影。這個人究竟是幹甚麼的？唯一清楚的是他絕對屬於次文化，而跟嚴肅的高級文化是沾不上邊的。同類名人有插畫家渡邊和博、嘻哈音樂家伊藤正幸、廣告文案家糸井重里等。總的來說，他們毫無疑問是日本高度經濟發達的產物；貧窮的社會養不起這些人物。

說到三浦純，最多日本人想到的是「my boom」。那是他最初命名，一九九七年獲得了流行語大獎的新詞兒，後來被廣大社會接受，二〇〇八年竟收錄於日本最有權威的詞典《廣辭苑》了。英文單詞「boom」的語義是激增、走紅等，一般都用在影響力相當大的社會現象上，例如「baby boom」（嬰兒潮）。所以在「boom」的前邊加了個人化的「my」（我的），前後矛盾很明顯。然而，就是因爲箇中的矛盾和反諷特別有趣，這個詞兒才在日本流行起來的。

其實，從一九六〇年代到七〇年代的日本，曾經有過一次「my-car boom」，三浦是拿它惡搞的。當年日本人所說的「my-car」是發祥於香港的中文單詞「私家車」之同義詞。以前，汽車屬於政府部門和交通、運輸、建築等公司；國民經濟開始起飛以後，個人方能夠分期付款買汽車，並稱之爲「my-car」。也就是，「my-car boom」乃指「私家車熱」的日式英語，它代表一九六〇年代到了小康水平的生活狀態和隨之出現的以小家庭爲主的價値觀念；跟之前貧窮年代的大公無私精神呈現了明顯的對比。

果然，「my-car boom」催生了「my-home主義」。一九七〇年辦完大阪世博會，日本的高速經濟成長告了一段落，從此進入了爲期大約二十年的穩定成長期。之前的二十多年一直爲復興國家拚命工作過來的日本人，那時候開始享受個人生活了。從一九七〇年代到八〇年代初，日本社會的主調曾是「my-home主義」。戰後長大的一代人覺得古老的宗族主義很封建特麻煩，於是紛紛離開故鄉到大城市去結婚，購買屬於小家庭的小房子（my-home），每年加添沙發、彩電、微波爐、錄像機等等西式家具和現代家電。到了週末，他們與其回老家跟老父老母團聚，或者跟上司同事一塊兒打高爾夫球去，寧願帶太太孩子去東京迪士尼樂園享受「my-home」帶來的幸福。當年的傳播媒體把那種男人揶揄爲「my-home papa」。日本式「my-home」的特點是孤立和封閉，包括公公婆婆，很少有外人被請到門內的。

「My-car boom」和「my-home主義」中的「my（我的）」，由集體主義的老一輩看來頗有美國式個人主義的自私味道，本來算是對年輕一代的嘲諷或批評。然而，價值觀念是時代風氣產生的，時代變了，價值觀念也隨著變。出乎大家的意料，「my-home主義」沒有持續太久，因爲它遭到了下一代的拒絕。一九八〇年代中出現了一批年輕男女不願意結婚成家。他們是大城市的小家庭裡長大的男女，從小就沒有跟不同家庭的人密切來往的習慣，成年以後也自然受不了別人侵犯私人空間的感覺，即使那別人是自己的情人。顯而易見，「my-home主義」的歸結是下一代的單身人士激增。

三浦純第一次在媒體上用「my-boom」一詞是一九九四年，即日本的房地產泡沫破裂了以後。一九九〇年代初，日本從穩定成長期進入了零成長或負成長（＝沒落的委婉說法）時期。暴發戶式的高消費活動已經過時，「my-home」也被視爲庸俗的圈套了。這個時候，戴著墨鏡的媒體怪人在電視節目裡宣佈：我們不再需要社會性的「boom」了，每人享受自己的「my-boom」不好嗎？舉個例子，三浦說，他當時的「my-boom」是佛像：去日本以及世界各地的佛教寺廟拍攝佛像，把洗出來的照片分類貼在剪報本上，並附上評語，自己享受，若遇到同好的話則共享一番。後現代的傳媒人，穿著牛仔褲和皮夾克的次文化大王，自說偏愛古老的佛像，別人不知道應該當眞還是當玩笑。總之，那樣的愛好花費很低，也不需要夥伴，還說不定能治療心中的空虛感，正適合泡沫破裂後日本城市單身族群的需求。

經濟高度成長時期，消費是大眾式的：別人要的東西，我都買了，才覺得滿意。進入了穩定成長期，則出現所謂小眾：每個圈子的人有不同的口味和消費傾向。到了零或負成長時期，居然出現了「my-boom」：人人志向都與眾不同，越不一般的口味和愛好越了不起。從這個角度來看，三浦純無疑是特別了不起的人。根據他的個人網站miurajun.net介紹，他是從在京都長大的小時候起就喜歡怪獸和佛像；東京武藏野美術大學畢業前後，作爲漫畫家出道；一九八〇年代末的泡沫經濟時期打進了廣播界，並組織女裝樂隊到處演出；同一時期開始發表的專欄文章、攝影作品等都有強烈的惡搞精神，令人始終弄不清楚他到底是認眞的還是開玩笑的，正常的還是不正常的。

他從小到現在的「my-boom」有：怪獸、青蛙、漫畫家、佛像、青年旅社、女裝、印度、松尾芭蕉、金魚等等。而他對每一個boom的對象都滿投入的。比如說佛像熱吧。他非常認眞地去研究佛教，甚至考慮出家；不僅跟另一名怪人伊藤正幸一起去各地鑒賞佛像的記錄《見佛記》共出了五本書籍和七張DVD，而且他也從老字號出版社新潮社問世了《my佛教》一書，談談自己多年來對佛教的理解和心得。另外，他的作品中相當著名的《Outdoor般若心經》（二〇〇七年）是把漢譯本心經的二七八字，全都用戶外拍攝的商店等招牌中的文字組構起來的，算是與眾不同形式的抄寫佛經當修行。

到底三浦純是甚麼人？他主張的「my-boom」是怎麼回事？在《Outdoor般若心經》的扉頁上，他寫：酷的人，不考慮酷不酷，所以酷，我終於明白了。這種人能夠在過去三十年的日本傳媒界活過來，算是日本人的幸福，畢竟爲我們提供與眾不同的視角。不過，他的惡搞有時候也實在過頭太下流了；據傳說，有一次成龍來日本，三浦純就買個性愛娃娃送給他，結果惹火燒身。還是應該說，這種人是日本人的恥辱吧。不必說，那種娃娃也曾是三浦純「my-boom」的對象。

【關鍵名詞】

三浦純
みうらじゅん

一九五八年生於京都，畢業於東京武藏野大學，以漫畫家、插畫家、小說家、音樂家、評論家、電台DJ、編輯者等身分活躍於日本藝術界。從小學時代開始對佛像與怪獸產生濃厚興趣，一九八二年參加講談社《WEEKLY YOUNG MAGAZINE》漫畫新人比賽獲得佳作，此後在《寶島》等雜誌執筆怪獸散文與插畫打開知名度。一九八六年與糸井重里共同出版《見ぐるしいほど愛されたい》，奠定其風格與地位。

（文春文庫）

從日本式到混合式

【GOPAN】

反璞歸眞的潮流出現，可以說是滿符合邏輯的。許多中年日本人都懷念小時候的早晨被媽媽派去家附近的麵包店聞到的香味。那香味是剛剛出爐，還熱騰騰的麵包才有的純樸香味。

GOPAN是三洋電機公司二〇一〇年出售的新式麵包機。它跟之前的麵包機不一樣，可以用大米或冷米飯而不是用麵粉來做麵包的，果然一上市就抓住了「瑞穗之國」（稻穗綠油油的國家＝日本的美稱）消費者的心。

它對日本人的強烈吸引力究竟在哪裡？首先就在名字。日本人一聽「GOPAN」就猜得到：它是「ごはん GOHAN」（米飯）和「パン PAN」（麵包，源自葡萄牙語）相結合的，而且有點像一兩歲的小娃娃要說「ごはん GOHAN」卻口齒不清，無意中說出了「ごぱん GOPAN」似的，總的來說充滿著可愛的感覺。

其次，則在它跟大米的親和性。根據日本政府農林水產省統計，日本的人均大米消費量從一九六〇年到二〇一〇年的半世紀裡減少了一半。這是日本的飲食生活，從傳統的純日本式變成了「和洋中」混合式所導致的。如今許多日本人，早飯吃吐司喝咖啡，午飯吃義大利麵或者拉麵餃子，到了晚飯才吃日本菜的。說大米是日本人的主食，早已相當勉強了。

不過，這並不意味著日本人越來越不愛吃米飯。無論男女老少，跟親朋好友一塊兒出去吃頓飯時候的首選，始終非迴轉壽司莫屬，因爲吃了大米日本人的肚子才會覺得著實飽。再說，雖然日本人也很愛吃麵包，但是在東瀛市場，歐洲式硬麵包一貫不能贏得消費者的歡心。反之，濕潤而軟綿綿、稍帶甜味的品種才是日本人心目中最理想的麵包。所以，日本家庭以及「喫茶店」供應的吐司，往往是「厚切」的，一般都二、三公分厚，有時甚至厚達五、六公分。把厚片麵包烤一烤的結果，只有外邊焦脆，裡面則暄騰騰，那樣子正符合日本人的口味，但是跟英國式的地道吐司比較的話，只能說相差很遠了。

說實在，日本超市裡人氣最高的「超熟」牌方麵包，廣告文案中就說：口感「モチモチ mochi mochi」。可是「モチモチ mochi mochi」一詞兒本來是形容嬰兒皮膚時候用的，用漢字寫下

來便是「餅餅」，日本話裡的意思則為「年糕狀」，換句話說「白而光滑細膩」。怪不得，日本消費者歷來不接受「黑而粗乾巴巴」的德國式黑麵包。反之，口感越接近年糕的麵包，越討日本人的喜歡。你想想日式麵包店賣的奶油麵包、起司麵包等，不都是濕潤暄騰得可以嗎？

GOPAN顯然是針對日本人此類矛盾的口味而開發的產品。它標榜用大米來製作最接近米飯口感，米香芬芳的麵包。果然消息一傳出去，在還沒正式上市之前，已經有好幾萬瑞穗國民掛名要預購了。

自動麵包機的歷史追溯到一九八六年，乃日本松下電器公司（Panasonic）發明的，後來傳到英國、澳大利亞、美國去了，但是始終無法打進歐洲市場，因為那裡至今還有傳統的家庭經營麵包店每天從早烤麵包供應給附近居民。曾經一九六〇年代的日本，也有過小規模麵包店，邊做邊賣方麵包、奶油麵包、果醬麵包、豆沙麵包、油炸麵圈、咖哩麵包，各種三明治包括日式炒麵麵包，還有蜜瓜麵包（只有形狀和外皮似蜜瓜）等等。後來，歐式店名的所謂日式麵包連鎖店到處開張，統統驅走了老派家庭經營麵包店。這回，大家可以嘗到了法國牛角包、丹麥甜麵包、披薩，甚至葡式蛋撻。結果，麵包店無限接近蛋糕店。無論從內容、價錢哪個角度來看，麵包不再像主食，反而像零食了。

所以，反璞歸眞的潮流出現，可以說是滿符合邏輯的。許多中年日本人都懷念小時候的早晨被媽媽派去家附近的麵包店聞到的香味。那香味是剛剛出爐，還熱騰騰的麵包才有的純樸香味。早已飽食的日本人付訂金排隊也想得到的，不是高熱量的火腿奶酪黃油之類，而是跟兒時一般溫暖暖的感覺。

在日本，麵包機的銷售量，過去二十多年有起有落。只是，進入了二十一世紀後，世界糧食市場變得不穩定，小麥玉米等的價格時而高漲；相比之下，只有大米是日本能自給自足，不需要從國外進口的。GOPAN一上市就走紅的市場條件，可以說早已成熟。再加上，三一一大地震以後，東京超市架子上的麵包一下子給搶購一空，令人深刻體會到：家裡能夠DIY做麵包心裡會踏實點。

曾經國民經濟剛起飛的年代，大家對新上市的家用電器總是興致勃勃；然而，這些年能引起那種熱潮的，不是電玩就是iPhone等通訊機器了。這個時候出現了GOPAN。它剛剛上市以後的一段時間，連老先生老太太都大談「聽說能用大米做麵包的機器要上市了。晚上睡覺以前放入了大米，早上起來可以吃米香芬芳的新鮮麵包，不是非常好嗎？」也就是說，好比跟電鍋剛剛上市的時候一樣，GOPAN令人期待了家庭飲食生活的即時改善。

問題是，電鍋也好，麵包機也好，家電在本質上就針對於家庭。然而，如今在東京，一戶的平均人數是一點九；多半的東京人是單獨居住的。那麼，對一半以上的東京人來說，即使GOPAN會帶來的溫暖感覺很有吸引力，但是始終不適合自己；烤了一斤麵包，一個人花幾天去消費啊？何況日本人是中午吃義大利麵或者拉麵餃子，晚上要吃白米飯的？可見，晚婚化、少子化、高齡化對經濟的打擊是多麼根本性的。果然，有六十年歷史的三洋電機於二〇一一年成了Panasonic的子公司，從地球上消失了。

震災後副產品

【風評被害 ふうひょうひがい】

「風評被害」中的「被害」是「受害」的意思。「風評被害」指的不外是「風評造成的受害」，即「不好的流言造成的損害」。

二〇一一年三月十一日的東北日本大地震以及海嘯以後，災區復興的速度比原來預期的緩慢很多。一個原因是海嘯造成的瓦礫太多，相當於好幾十年份的垃圾，光使用岩手、宮城、福島三縣的廢棄設備的話，根本不可能迅速處理的，何況當地許多設施都遭受到了地震和海嘯的破壞。因此把大量瓦礫，非運到日本其他地方處理不可。然而，願意接受災區垃圾的地方甚少，因爲大家都害怕凡是東北來的東西都有可能受到輻射污染。

如果那天發生的只是地震和海嘯，而沒有核電站事故的話，日本其他地方人也絕不會小心眼到這個地步的。畢竟有俗語說：遇到困難時候，應該互相幫助。哪怕純粹出於人類善良的本質，都一定會如此。

然而，當遇到的困難不僅是地震和海嘯，還包括核電站事故的時候，人們就變得特別小心眼。二〇一一年八月盂蘭盆節，京都五山的傳統習俗「大文字燒」，本來打算燒岩手縣陸前高田市的松木，以送災區死者的靈魂去冥界。可是，因爲京都許多居民都擔心，燒了岩手縣的木材，自己住的地方也會受污染，於是最後取消了焚燒陸前高田松木的計畫。連宗教儀式都遇到困難，處理大量瓦礫面對的阻力會多麼大，則不經思考也會知道。報紙上，甚至出現科學家主張：把災區垃圾運到日本西部是不合理的，因爲這樣做的結果無非是，本來沒受影響的地方都在處理垃圾的過程中受輻射污染，全日本連一塊乾淨的土地都沒有了。

當日本媒體報導此類現象的時候，標題中一定出現「風評被害」的字眼。這究竟是甚麼意思呢？

根據日本小學館、北京商務印書館共同編纂的日中辭典第二版（二〇〇二年），「風評」指：傳說、謠傳、傳聞。例句有兩個：傳出不好的流言、有種種傳說的人物。可見，日語「風評」有貶義。這跟它在中文裡的用法稍微不同：在大陸網路上，找到的使用例子不多（其中一個寫：「風評」是風險評估的簡稱），但是在台灣部落格上，有幾個人寫著「風評不錯的漢堡」等句子。顯然在美麗島，「風評」的意思是「風傳的評價」或「口碑」，褒貶則不一定。

「風評被害」中的「被害」是「受害」的意思。「風評被害」指的不外是「風評造成的受害」，即「不好的流言造成的損害」。報紙社論、電視新聞節目都說：日本西部地區拒絕處理東北垃圾（或者購買福島產蔬菜等等）是「風評」造成的損害，因爲官方認爲東北垃圾（或者福島產蔬菜）含有的輻射性物質少到「不會即時造成健康損害」的地步，沒有正當理由迴避的。

問題在於：如果你面對的一堆垃圾（或者一把青菜）明明含有少量輻射性物質（或者其他任何毒物），但是含量據說少到「不會即時造成健康損害的程度」的話，你願不願意把那堆垃圾在自己家院子裡燒掉（或者吃那把青菜）？尤其是你對官方發表的內容不能百分之一百地信任的時候？所以，包括筆者在內的許多日本人看到「風評被害」一詞就覺得不以爲然。

「風評被害」一詞最初出現於日本社會，是早在這次的地震、海嘯、核電站事故都沒有發生之前。一九五六年，美國在南太平洋比基尼海域舉行核實驗，正在附近釣鮪魚的日本漁船乘員受了輻射。當時就發生了日本消費者害怕輻射，拒絕購買任何海產品的所謂「輻射能恐慌」。日本國會裡，當討論如何賠償無關漁民的經濟損害時，第一次使用了「風評」一詞。當時有個議員說：「既然沒有查出輻射性物質來，我們能斷定這些水產物是安全的。然而，消費者還是將它視爲所謂比基尼鮪魚，說不定受了污染甚麼的。這種『風評』導致魚類賣不出去，價錢低落等等的間接損害。」可見，「風評被害」成爲日本的社會問題，最初也跟核輻射直接有關。

一九七〇、八〇年代，日本媒體每次報導「風評被害」也都跟核能相干。比方說，一九八一年，北海道政府跟當地電力公司簽訂了有關泊核電站的安全協約，其中有個條款決定：萬一附近農作物蒙受了「風評被害」，由電力公司賠償農民的經濟損失。

一九九〇年代以後，日本出現了一系列起因於其他種毒物，如二惡烷、大腸桿菌，或者俄羅斯油輪原油的「風評被害」個案。社會心理學者關谷直也調查了幾個案例以後，下結論道：凡是「風評被害」發生之前，都一定有事故、事件、環境污染或者災害，但是關鍵在於大量有關的報導，使得消費者把本來該「安全」的食品、商品、土地視爲危險，結果停止消費，造成無辜生產者、供應者的經濟損害。

在他的論文《「風評被害」的社會心理》中，「安全」一詞就套著引號，因爲跟「危險」一樣，「安全」也是相對的。而就是因爲沒有絕對「安全」這回事，當一個地方發生了事故、事件、環境污染或者災害，並在媒體上氾濫有關報導之際，身在遠處的人們都感到「不安」，盡量去迴避他們視爲「危險」或者「可疑」的食品、商品、土地等。

以災區的瓦礫爲例，東北確實有了災害、事故、環境污染，也有過許多有關的媒體報導，結果京都等日本西部居民把本來「安全」的瓦礫視爲危險，拒絕接受。那麼，如果那些瓦礫其實並不安全的話，「風評被害」之說就根本不能成立了。抑或，如果說沒有媒體報導就不會發生「風評被害」的話，等於主張資訊封鎖的了。這樣子，究竟對誰有利？對誰更不利？看起來，我們對「風評被害」一詞的直覺，那個極其不以爲然的感覺，還是有道理的。

說「風評被害」的人，無論是政府、專家、媒體，其實都在弄虛作假，要幫助眞正的罪犯推卸責任逃避的。你看，「風評被害」是被動詞，被害者是無辜的生產者也好，供應者也好，災區居民也好。但是，造成損害的主體又會是誰啊？按照這一套邏輯，只會是膽小怕死的消費者、市民了。到底打從何時起，膽小怕死成了罪行呢？沒有吧！膽小怕死是人的本能，否則人類早絕滅了。京都居民是從本能出發，拒絕了陸前高田松木的。

可悲，當然非常可悲。但是，震後一年，仍然堆積如山的瓦礫是問題的本質，絕非因「風評被害」存在的副產品。我知道，日本其他地區是總得接受瓦礫的，不管有沒有輻射，不管即時還是長遠的未來造成健康損害，不管我們願意不願意。可萬萬別說甚麼「風評被害」好不好？災民受的害不是「風評」造成的，而是核電站事故造成的。其他地方的日本人感到的無奈也歸咎於核電廠事故。所以，我說，不要核電廠了。

出於憐憫的保密，違法

【告知 こくち】

「告知」的語感跟「宣判」極其相似。所以，被醫生「告知」了，就很難不埋怨大夫的殘酷，雖然他只是履行例行公事，說出事實罷了。

用當代日語，說「告知」（こくち kokuchi）一般只會有一種內容：癌症。如果有人說「我父親被醫生告知了」，老先生得的肯定是癌症，而且很可能是末期的。

一百年以前，日本人死因的第一名是肺炎，乃西班牙流感所引起的。一九三〇年代，得結核去世的人最多。第二次世界大戰結束以後，由於抗生素的發明，結核成了可醫治的病。一九六〇年代起，腦溢血、心臟病、癌症則成了日本人的「三大死因」。

一九八一年，癌症死亡率第一次超過了腦溢血。過去三十年，最多日本人因癌症而喪命。

越來越多人死於癌症，一個原因是平均壽命的增長。人活得越長，患上癌症的機率也就越高的。據統計，活到七十四歲，將近一半的人得癌症，再說超過兩成的同代人因癌症已不在世了。看我周圍的狀況，也確實是這樣子。近幾年過去的老齡親戚幾乎都有癌症，過了八十歲則併發別的病，例如老年痴呆症。於是有些醫生說，因癌症去世其實就是老死，從前所謂的「大往生」（壽終正寢）個案裡，估計有相當多是癌症最後致死的。

儘管癌症去世如此普遍，多數日本人仍然覺得：告知癌症等於宣判死刑，而且是冤枉判死刑似的。「告知」的語感跟「宣判」極其相似。所以，被醫生「告知」了，就很難不埋怨大夫的殘酷，雖然他只是履行例行公事，說出事實罷了。不過，究竟自從甚麼時候起，醫生可以告訴病人事實了？保密向來是醫生職務之一。以前，這保密也包括，出於憐憫，對病人不說眞正的病名。

一九八九年，裕仁天皇去世之前，日本媒體都不敢報導他得的是胰腺癌。當時，不僅是天皇，連平民老人得了癌症，家人也不會告訴病人事實的。在那年代的日本，直呼癌症算是一種社會忌諱。醫生對病人家屬說明時候，都用了「惡性腫瘤」等婉轉的說法，免得不必要地傷害對方的感情。當時的社會有共識：既然癌症致死率頗高，直說病名會使病人絕望，搞不好導致尋短見，因此非得盡量迴避不可。同一時期，我在加拿大生活，發現北美洲人對癌症「告知」的態度跟日本人呈現鮮明的對比。他們認爲病情屬於隱私，最有權利知道的應該是患者本人，倘若醫生先告訴別人，即使那是家屬，就等於侵犯了病人的隱私權。

二十多年後的今天，日本許多醫院有明文規定；檢查出來的結果，應該直接「告知」病人，而不可以先告訴家屬，爲的是尊重病人的知情權。可見，日本社會對人權的敏感度如今趕上了北美。同時，毫無疑問，醫院設定這類規則也爲免被病人或家屬追究法律責任。畢竟，「告知」本來是個法律用語，從前只有律師、法官、保險公司等才用的。現在，醫療工作者都用起法律用語來，自然是爲法律利害起見的。

一九九三年九月六日，當年日本很著名的電視主播逸見政孝在記者招待會上告白：自己得的是胃癌。他當時四十八歲，在新聞節目、綜藝節目都非常活躍，可以說是人人皆知的公眾人物。電視上的告白給廣大社會帶來了特別大的衝擊，因爲直到那一天，直呼癌症還是忌諱。在日本，名人公開承認患有癌症以他爲開端。

那恰巧也是蘇聯解體，冷戰結束，美國式全球化迅速進展的年代。歷來「以和爲貴」的大和民族都不能不受影響，各媒體紛紛預告著：美國式「官司社會」即將來臨日本了。一九九七年，日本國會通過了改正醫療法，明文規定「知情同意（informed consent）」，即公開資訊和取得患者同意，是醫療工作者的法律義務。也就是說，醫生保密，即使出於憐憫，從此都成了違法行爲。

全球化的風潮竟然影響到日本皇室。二〇〇二年底，宮內廳發表：明仁天皇得了前列腺癌。他父親裕仁天皇曾被當作神，晚年得了癌症，不僅媒體不敢報導，而且醫生都遲遲不敢在「玉體」上開刀的。兒子明仁的遭遇很不一樣。他從小被美國教師叫做吉米長大，只當過人。醫生根據當代法律與常識「告知」了他病名，也毫無猶豫地進行了摘除手術。後來關於他的健康狀況，日本媒體似乎沒有任何忌諱。最近明仁天皇也動了心臟冠狀動脈的繞道手術，電視新聞都用圖畫解釋得清清楚楚。倘若自己親人的病情在媒體上那麼露骨地被公佈出來，相信多數人會覺得心痛的。可見，廣大日本社會對天皇的敬畏已經不存在了。

二〇〇七年夏天，我父親得了癌症，是他自己去醫院接受定期體檢時候發現的。跟得了感冒一樣，醫生很機械性地「告知」了他本人。之前，我不知道「告知」其實分兩種的。第一種是「告知」病名，第二種則是「告知」病情。醫生告訴父親：他得的是胰腺癌，但是處於早期，還能動手術。積極樂觀的病情，患者聽了以後還會高興，算是不幸中的萬幸吧。可是，動完了手術，開始化療之際，醫生說明的病情前景就相當消極悲觀了。那天陪父親去醫院的哥哥當場向大夫發火。醫生有法律義務說出實話。哥哥卻受不了醫生不懂人情。最可憐的是父親；病人唯一的依靠是醫生，絕不想得罪他的。家屬對大夫不禮貌，最感無奈的就是病人。

直到二〇〇〇年左右，日本社會上還偶爾能聽到「你若得了癌症，要不要被告知？」一類的討論。沒幾年工夫，已經沒得選擇了。我父親並沒有選擇要被「告知」，可他卻一而再，再而三地被「告知」了。化療的副作用很大，但是效果有限。癌細胞到處轉移，導致膽管堵塞的模樣，醫生都用鉛筆細密畫著詳細地給他本人講了。醫生畫的癌細胞看起來像花椰菜正盛開的樣子，殘酷地宣告著：沒辦法切除乾淨。

表面上，父親的情緒是很穩定的，常有笑容，從不放棄希望。他去世的三個月以前，醫生相當清楚地說了：「再做化療也沒有用了。何不趕快出院回家享口福去？你不是很喜歡吃壽司的嗎？」事後回想，父親要想吃壽司，那眞是最後一次機會了。所以，我相信，醫生除了遵守法律以外，還是替病人著想的。但是，對父親來說，當時最大的希望不是吃壽司，而是根治癌症。出院回家，在一般的情況下是好消息，然而對末期癌症病人來說，卻不是。

父親回家過了兩個月，最後甚麼也不能吃，連起身都很困難了。二〇〇九年一月二日，我們扶著他送去住院。但是，醫生說：已經不可救藥了，而且醫院不能讓無法治的患者留下來住，何況在元旦假期。父親就是不願意放棄希望，要醫生給他做點甚麼，不管有沒有用。我在旁邊看情況，似乎唯一的答案是讓父親轉到加收費的個人病房去，並請醫生給他弄營養管。那樣子，父親再過了一個月。直到去世前一天，他意識特別清晰。那天看我兒子給他表演撲克牌魔術，父親做出了吃驚、讚揚的表情，還拍了手。直到瞑目的刹那，他都沒有承認自己即將離開人間了，也就是說，一貫不肯眞正接受被醫生「告知」的病情。

每個社會，每個時代都有一套規矩。關於怎樣結束生命，怎樣度過人生最後的一段日子，個人能選擇的始終不是很多。連天皇都如此，何況平民。父親一九三四年二月十六日出生，二〇〇九年二月一日去世。享年七十五歲差半月，比日本男性的平均壽命短了五年。雖說是大家都要走的一條路，但我還是覺得，他走得太早了。

購買電子書

沒有了鮪魚，沒有了奶油：你無法想像的日本

你是否曾經想過，現在的日本就是未來的台灣？
與台灣時差一個小時的日本，是我們的朋友，也是我們的鏡子，透過新井一二三的在地感受，讓我們擁抱日本，也讓我們更心繫生活的這塊土地。

東京迷上車：從橙色中央線出發

有一本書，我想為你寫，是關於東京的。
也許，你已經來過東京很多次。也許，你還沒來過東京。
無論如何，你不可能知道東京的全貌；因為這座城市實在很大。

獨立，從一個人旅行開始

人為什麼要去旅行？是要忘記現實？還是要面對自己？
為了終結青春，要越走越遠；為了尋找幸福，要越走越廣；為了不想寂寞，活出獨立自我，要越來越自由……

偽東京

本書由六個面鉅細靡遺真實呈現報導2007年的日本，著實為二十一世紀初，正處於轉變期的日本社會之相當準確的寫照。絕對是日本迷不容錯過的一本社會觀察絕佳指引書。

我這一代東京人

老東京人記憶裡的東京，是風鈴、煤炭爐、蚊香、榻榻米。我記憶裡的東京，是在春天的東京灣淺灘挖蛤蜊，在夏天的神田川畔抓鰻魚。
這些美好的昨日景像，至今仍在我這一代東京人眼前，栩栩如生演出著……

讀日派

台灣寫日本文化觀察的人很多，然而，以在地日本人的觀點，能使用中文一針見血地解剖當代日本社會樣貌，唯有新井一二三。他把我們帶進日本社會諸多現狀裡，更深層的背後思考。

可愛日本人

新井一二三以自己的觀點閱讀當代重要日本文人與作品，給了我們精神上的私小說，罪和內疚，愛和背叛，性和自尊，所有人生中重要的問題，統統在她的隨筆散文裡一覽無遺。

東京人

離鄉背井的新井一二三恨不得做個外國人，拼命學習外國語，學習外國人的生活方式，但是在外國人的眼中，她還是一個土生土長的日本人，角色的矛盾讓她在海外的生活更形與衆不同……

新 井 一 二 三 全 作 品

媽媽其實是皇后的毒蘋果？：新井一二三逃出母語的陰影

白雪公主繼母般的母親不僅屬於我孩提的記憶庫裡，而且是永恆的存在。或者說，我變了，但是她沒有變，仍然隨時都會發動攻擊。

旅行，是為了找到回家的路

走再遠，終究要回到家，否則，我們不是旅行，而是自我放逐了……
新井說，人生最重要的一些事情，都是在一個人旅行的路途上學到的。

午後四時的啤酒

新井一二三在傳達一種生活的概念「緩慢生活」。新井努力去實踐這個理念而寫了這本書，讓你從緩慢生活中發現不一樣的生命動能，也可以發現原來這樣生活也很有意思。

東京閱讀男女：新井一二三解開創作者的祕密花園

誰也無法理解，別人心底的情感缺口。
只要有一本小說，故事中的一句話，一個情節，說出了我們想說的……
我們就不會寂寞了。

臺灣為何教我哭？

我不是一開始就對台灣一見鍾情的。因為台灣太像日本，但又不是日本！對於「親日」的台灣人，我甚至懷疑他們是否缺乏民族尊嚴……但是，我錯了，我臉紅了。因為我太不了解台灣了！

東京生活意見

你可知「和服復活」現在是東京年輕人的專利；你可知現在日本料理「慢食」成為主流； 你可知飯店旅館迴轉壽司店拉麵店……開始對單獨光顧的人大聲喊歡迎光臨「御一人樣」！！

我和閱讀談戀愛

新井引介日本文壇多種面貌的閱讀面向，書中提及的作家及作品都是耳熟能詳，利用簡潔輕鬆的方式，帶領我們進入閱讀的世界，跟閱讀談場戀愛，讓自己的視野與生命更豐腴。

歡迎來到東京食堂

四季的日本，有四季的料理；人情味的小鎮，有人情味的菜單；一家人吃飯，充滿一家人的記憶。

偏愛東京味

走過了世界各個角落，我最偏愛的，還是東京的味道。在異鄉，我觸不到嗅不到它們，因為，它們只能在東京體驗得到，它們是獨一無二的生活滋味。

東京上流

東京不是一個「地方」，而是一種「概念」。
新井酷愛文學散步，常以採訪為藉口到處尋訪文人足蹟，透過近距離的觀察與探訪，讓我們探視可愛但不美的東京。

美麗田173

新井一二三◎著

和新井一二三一起讀日文

你所不知道的日本名詞故事

【東京字塔版】

第20號作品

國家圖書館出版品預行編目資料

和新井一二三一起讀日文:你所不知道的日本名詞故事 /
新井一二三著. – 東京字塔版. – 臺北市:大田, 民111.04
面; 公分. --(美麗田;173)
ISBN 978-986-179-710-6(平裝)
1.社會生活 2.人文 3.名詞 4.日本

538.831 110019686

填回函雙重禮
①立即送購書優惠券
②抽獎小禮物

出版者：大田出版有限公司
台北市10445中山區中山北路二段26巷2號2樓
E-mail：titan@morningstar.com http://www.titan3.com.tw
編輯部專線：（02）25621383 傳眞：（02）25818761
【如果您對本書或本出版公司有任何意見，歡迎來電】

總編輯：莊培園
副總編輯：蔡鳳儀
行政編輯：鄭鈺澐
內頁美術：好春設計‧陳佩琦
校對：蘇淑惠／陳佩伶／新井一二三

初版：二〇一二（民101）八月三十日
東京字塔版初刷：二〇二二（民111）四月十二日 定價三二〇元
國際書碼：978-986-179-710-6 CIP：538.831／110019686
購書E-mail：service@morningstar.com.tw
網路書店 http://www.morningstar.com.tw（晨星網路書店）
TEL：（04）23595819 # 212 FAX：（04）23595493
郵政劃撥：15060393（知己圖書股份有限公司）
印刷：上好印刷股份有限公司

法律顧問：陳思成